Rosemarie Dypka

DAS EMOTIONALE KONTO

Ihr Weg zu innerem Reichtum

UEBERREUTER

FÜR IRIS UND UTE

ISBN 3-8000-7154-1

Covergestaltung: Martin Gubo
Coverfoto: Getty Images

Druck: Druckerei Theiss, A-9431 St. Stefan i. L.
1 3 5 7 6 4 2

Ueberreuter im Internet: www.ueberreuter.at

INHALT

ERSTENS

DAS PRINZIP DES EMOTIONALEN KONTOS

01

MIT DIESEM BUCH möchte ich Sie unterstützen, Ihre Emotionen zu verstehen und zu gestalten. Ich habe bewusst Alltagserfahrungen gewählt. Veränderungen ergeben sich nicht im Lösen großer Probleme, es ist vielmehr so, dass uns der Alltag permanent Chancen bietet, nach dem Prinzip der kleinen Schritte Dinge auszuprobieren und Verbesserungen zu finden. Sie müssen das Buch nicht unbedingt von vorn bis hinten durchlesen. Manches werden Sie bereits wissen, anderes wird Sie nicht betreffen. Schauen Sie ins Inhaltsverzeichnis und suchen Sie das für sich heraus, was Sie neugierig macht. Das werden Ihre Themen sein.

Ich glaube, dass es in der Natur des Menschen liegt, sich selbst zu verbessern. Sie gehen ja auch zum Friseur, um ihre Haare besser zu machen.
(James Watson, Nobelpreis für die DNA-Analyse)

Was ich an mir selbst beobachtete, war, dass ich mich manchmal als strahlend, angstfrei und vertrauensvoll und manchmal als eng, aggressiv und ängstlich erlebte. Wie zwei Seiten einer Medaille. Auf der einen Seite fühlte ich mich deutlich besser als auf der anderen. So versuchte ich lange, die unangenehme Seite nach unten zu packen. Wie viele von uns wollte ich gern freundlich, attraktiv, gut und weise sein und den anderen Teil von mir hätte ich gerne ausgelöscht.

Sicher erinnern Sie sich an unterschiedliche Verhaltensweisen, wie sie bei allen Menschen vorkommen: Sie können sich freuen oder sich ärgern. Sie können sich auf etwas zubewegen oder vor etwas fliehen. Sie können offen sein oder sich zurückziehen. Sie können Begeisterung ausstrahlen oder Ablehnung zeigen. Dann kennen Sie diese unterschiedlichen emotionalen Zustände, wobei wir den einen als angenehm empfinden und den anderen als unangenehm. Es gibt emotionale Rhythmen, ein Hin und Her von Gefühlen.

Dieser Rhythmus unserer Emotionen hat erkennbare Muster. Wir betreiben ein inneres Wertesystem, wonach wir sämtliche Wahrnehmungen entweder positiv oder negativ beurteilen. Interessant ist, dass Emotionen, niemals NICHTS oder NEUTRAL oder NULL sind. Unser Wahrnehmungssystem kreiert eine individuelle Antwort auf das Wahrgenommene. Diese Antwort ist immer etwas Spürbares, es sind Emotionen.

Unser Bewertungssystem arbeitet wie eine innere Kontoführung. Das Konto hat eine Minusseite, auf der wir die unangenehmen Erfahrungen verbuchen, und ein Plus für die angenehmen. Dadurch werden die Emotionen sehr übersichtlich. So sind Emotionen nur das Mittel zum Zweck: nämlich die Außenwelt danach zu bewerten, ob sie mir nützt oder schadet.

Stellen Sie sich vor, Sie hören folgende Geschichte:

LANDEANFLUG

Ein Mann und eine Frau, die sich bisher nicht gekannt hatten und kürzlich aus Amerika zurückkamen, unterhalten sich über ihren Rückflug. Der Mann berichtet, dass es der schlimmste Flug seines Lebens gewesen sei: Es gab eine Stunde vor der Landung stärkste Turbulenzen. Da er sowieso Flugangst hatte, beobachtete er mit geschärftem Blicken das Verhalten der Stewardessen. Er sah, wie sie geheimnisvolle Blicke tauschten. Daraufhin holte die eine ein Buch aus einem Schrank und blätterte ziemlich hastig darin. Ihm war sofort klar, dass etwas Außergewöhnliches passierte und die beiden nun unsicher herauszufinden versuchten, was sie zu tun hätten. Als dann die eine nach vorne ging und sorgfältig den Vorhang zuzog, fühlte er sich in seinen Befürchtungen noch mehr bestätigt. Jetzt beriet sie sich sicher mit dem Piloten. Er ballte die Fäuste und verkroch sich in sich selbst. Nach endloser Zeit folgte der Landeanflug – sie landeten. Nichts passierte. Es blieb unheimlich. Das Flugzeug blieb abseits des Rollfeldes stehen. Irgendetwas stimmte nicht. Der Mann wusste genau: Er hatte sich zu Recht Sorgen gemacht. Wahrscheinlich käme bald die Feuerwehr oder ein Sicherungskommando. Nach langer Wartezeit konnten die Passagiere endlich aussteigen. Nichts weiter. Beim Verlassen des Flugzeuges fragte er die Stewardess, was denn gewesen sei. Sie lächelte geheimnisvoll und wünschte ihm einen schönen Abend. Er erfuhr nichts. Und dieses Gefühl, dass ihm die Wahrheit vorenthalten worden war, macht ihn jetzt noch ganz wütend.

Jeder würde glauben, dass es so war. Der Mann ist der Zeuge. Er hat es wirklich erlebt. Er beteuert, dass bei dieser Fluglinie IMMER irgendetwas nicht in Ordnung ist.

Nun erzählt die Frau von ihrem Flug: »Mein Flug war absolut unproblematisch. Es gab keinerlei Probleme. Ich habe bis zur Landung geschlafen. Als ich dann wach wurde, konnte ich sofort aussteigen. Keine besonderen Vorkommnisse.« – »So einen Flug möchte ich auch einmal erleben, wo man schlafen kann. Ich kann mir gar nicht vorstellen, dass es so etwas gibt«, staunte der Mann. »Mit welcher Gesellschaft sind Sie geflogen? Die werde ich das nächste Mal buchen.« Ja, mit welcher Gesellschaft ist die Frau geflogen? Mit welchem Flug? Sie hatten beide im selben Flugzeug gesessen.

Und nun? Dasselbe Flugzeug und eine ganz andere Geschichte. Manch einer wird glauben, die Frau hätte etwas Wesentliches verpasst, weil sie es einfach verschlafen hat.

Man kann überlegen, ob nicht beide Personen selbst an der Gestaltung ihres Erlebnisses beteiligt sind. Sozusagen, ob nicht jeder das Ereignis selber erzeugt, so wie er es erlebt hat. Dass also der Mann niemals schlafen würde können, weil er Schlimmes erwartet und wach bleiben muss, um die Gefahren zu erkennen. Wäre die Frau wach geblieben, hätte sie wahrscheinlich nichts von all dem wahrgenommen, was der Mann erlebt hat.

Wenn es möglich wäre, Emotionen in dieser Bandbreite zu steuern, was wäre dann? Dann könnte der Mann sich mit dem Speziellen beschäftigen, das ihn diese Angst erleben lässt. Er hat mit Sicherheit – genau wie die Frau – die Fähigkeit, Dinge anders zu erleben. Könnte er die Auslöser seiner Befürchtungen vertreten, könnte er lernen, diese andere Seite in sich zu entwickeln – wenn er es denn will.

Dürften wir über unsere Ängste sprechen, könnten wir uns gegenseitig unterstützen, dieses Andere in uns zu entdecken. Leider gibt es weder Zeit noch Raum dafür. Es gibt kaum Zuhörer, die solche Geschichten aushalten. Nur wenige können es einfach akzeptieren, dass es diese Unterschiede gibt. Es passieren also Dinge, mit denen wir unsere Erlebniswelt so oder so gestalten können. Das Bewusstsein ermöglicht es, dieselbe Situation abzulehnen oder anzunehmen.

Ich gehe von der Grundannahme aus, dass wir die Gestalter unserer Wirklichkeit sind. »Alles passiert in unserem mentalen Universum« (René Magritte): Wenn das so ist, haben wir tatsächlich die Freiheit, uns ein eigenes Universum nach eigenen Vorstellungen zu gestalten.

KLEINER EXKURS ÜBER WAHRNEHMUNG

Jeder Mensch ist ein biologisches System. Und als solches haben wir eine Grundausstattung mitbekommen, die wir nur begrenzt beeinflussen können. Unsere Grundausstattung denkt nicht, sie ist angeboren, sie funktioniert einfach. Als Wissenschaftler das herausfanden, waren sie darüber fast erschrocken, weil sie meinten, dass der Mensch keinen freien Willen hätte. Da kann man nur sagen: ein Glück. Es gibt Situationen, in denen der freie Wille tödlich ist.

Immer wieder muss dafür der (seit 14.500 Jahren ausgestorbene) Säbelzahntiger auferstehen. Er war vor Urzeiten der Hauptfeind des Menschen. Wenn der auf uns losspränge und wir hätten in diesem Moment einen freien Willen – das wäre eher schlecht. Bis wir zu einer Entscheidung kämen, wären wir nämlich längst tot.

Der freie Wille oder der denkende Verstand können immer erst hinterher über eine Situation nachdenken. Das hat sich als die klügere Reihenfolge erwiesen. Vor Urzeiten waren Raubtiere die Hauptfeinde des Menschen und der Mensch hat Reflexe gelernt, um nicht Opfer zu werden.

Durch Wahrnehmung gestalten wir unsere persönliche Wahrheit von der Welt. Wahrnehmen hat etwas mit Wahrheit zu tun. Unser Gehirn muss ständig prüfen, ob das, was es gespeichert hat, noch stimmt, ob es noch wahr ist. Wenn wir morgens aufwachen, sind wir dann noch in derselben Welt, die wir gestern verlassen haben, bevor wir eingeschlafen sind? Wir wachen auf und sehen den Schrank, das Fenster, die Wand, die Decke. Alles ist noch da – so wie es vor dem Einschlafen war. Wir können es wiedererkennen, weil es in unserem Kopf als Erinnerung gespeichert ist.

Haben Sie das schon einmal erlebt, dass Sie beim Aufwachen nicht gewusst haben, wo Sie sind? Vielleicht nach einem zu tiefen Mittagsschlaf oder im Urlaub in der ersten Nacht in fremder Umgebung. Dieses kurze Innehalten: Wo bin ich? Wie spät ist es? Welcher Tag? Die plötzliche Erleichterung: Ach ja, jetzt weiß ich es.

Ständig haben wir es mit unfertigen Eindrücken zu tun, die unser Gehirn uns erklärt. Das nennen wir denken. Das Gehirn arbeitet sehr zuverlässig und macht diesen Job ohne Anweisung – einfach so, von Natur aus. Es macht ständig ein Update, sodass wir uns immer in der Gegenwart befinden. Wie macht es das? Was passiert da? Wie geht das, dass wir heute einen Apfel essen und nächste Woche noch wissen, was ein Apfel ist und dass er essbar ist? Dass wir nicht jedes Mal neu prüfen müssen, ob er genießbar oder ob er giftig ist?

Ein wichtiger Zulieferer für diese lebensnotwendigen Informationen sind unsere Sinne. Unsere Sinne gehören zu unserer Innenwelt und übermitteln uns permanent, was in der Außenwelt los ist. Wir können jedoch nicht alles gleichzeitig wahrnehmen, wir nehmen die Welt selektiv wahr. Nur Teile der Welt erregen unsere Aufmerksamkeit. Welche sind das? Und wie funktioniert das? Es wird von unseren Sinnesorganen nur das wahrgenommen, was sie reizt. Die Reizschwelle ist extrem niedrig, sie beträgt maximal drei Sekunden. Was in dieser kurzen Zeit nicht eingespeichert wird, wird vergessen.

Unser Gehirn sammelt und speichert Informationen immer in einer zeitlichen Reihenfolge. Es verarbeitet sie zu Geschichten. Daraus ergibt sich unsere Auffassung von der Welt. Das Ganze entwickelt sich zu einer inneren Grammatik und daraus ergeben sich unsere Gesten, unsere Mimik und unsere Handlungen.

DAS EMOTIONALE KONTO

Emotionen scheinen etwas Kompliziertes zu sein. Mit der Metapher von einem Konto lassen sie sich einfach darstellen und besser verstehen. Die Einfachheit soll nicht dazu führen, die Komplexität zu ignorieren. Es ist ähnlich den Digitalsystemen. Für die Darstellung komplementärer Zustände gibt es nur zwei Symbole. Aus der Kombination ergeben sich unendliche Möglichkeiten. Leibniz, der Entdecker der binären Zahlen, kam zu der Erkenntnis: »Um alles aus nichts zu erzeugen, reicht eins.« So ist in uns selbst ebenfalls alles möglich. Aus nichts können wir ein ganzes Weltbild erzeugen.

Stellen Sie sich die emotionale Kontoführung vor wie ein Bankkonto. Es gibt eine Minusseite und eine Plusseite. Es gibt Eingänge und es gibt Abbuchungen. Beim Bankkonto ist die Währung das Geld, hier besteht die Währung aus Emotionen. Es gibt praktisch immer nur ein Ergebnis. Entweder ist das Konto im Plus oder im Minus. Dieses Ergebnis erzeugt eine ganz bestimmte Befindlichkeit. Wir sind dann jeweils in körperlich unterschiedlichen Zuständen – entweder im Minuszustand oder im Pluszustand –, die messbar sind. Es lassen sich Unterschiede in der Pulsfrequenz, der Hauttemperatur und der im Körper befindlichen Hormone feststellen. Im Pluszustand erleben wir etwas deutlich anderes als im Minuszustand, aber nicht einfach das Gegenteil vom anderen – so ist es bei allen Rhythmen. Beim Atemrhythmus liegt in der Einatmung die Anspannung, in der Ausatmung die Entspannung. Beim Wach-Schlaf-Rhythmus wird nachts Energie eingelagert, während tagsüber Energie freigesetzt wird.

Auf unserem emotionalen Konto wird im Plus Erfolg gesammelt, wir haben Ergebnisse. Wir erleben das, was wir wollen. Deswegen fühlen wir uns gut. Im Minus geht es immer um Defizite, um Mangel, um unerfüllte Bedürfnisse. Sind wir im Minus, ist es ein Handlungssignal. Die biologische Aufgabe wäre dann, etwas zu tun, in eigener Sache aktiv zu werden, für sich zu sorgen. Wie auch beim Bankkonto geht häufig schneller etwas vom Konto runter, als dass es aufgefüllt wird. Ausgeben ist eben leichter als einnehmen.

DAS EMOTIONALE KONTO

MINUS	PLUS
• Mangel • Defizit • unerfüllte Bedürfnisse **Emotionale Signale:** Angst, Aggression, schlechte Laune	• Erfolg • Ergebnisse • Erlebnisse **Emotionale Signale:** Zufriedenheit, Freude, gute Laune

So funktionieren wir nach unserer biologischen Grundausstattung. Die ist bereits mit der Geburt vorhanden – ein faszinierendes Zusammenspiel von Sinnesorganen, Gehirn, Hormonen und Nervensystem. Alles spielt zusammen wie ein Räderwerk und springt an, je nach Anforderung zum Plus oder zum Minus. Mit dieser Grundausstattung ist die Basis für unser Überleben gesichert. Wir brauchen dafür nur zwei Reaktionsmuster: eine Reaktion auf Bedrohungen und eine auf Befriedigung.

Erscheint also in unserem Alltag eine Bedrohung, beispielsweise der Säbelzahntiger, dann sagt unser angeborenes System: »Der kann mich fressen! Das will ich nicht! Nichts wie weg hier! Abhauen!« Und ohne dass wir darüber nachdenken müssen, flüchten wir. Unser Innerstes hat dafür ein fertiges Programm und weiß sogar, welchen Fuß wir zuerst bewegen müssen und welche Hand zuerst greift. Deswegen sind wir entweder Linkshänder oder Rechtshänder. In Gefahrensituationen muss über nichts nachgedacht werden. Es wurde bereits an alles gedacht.

Das andere System ist das Belohnungssystem. Das bringt uns auf den Weg zur Befriedigung unserer Bedürfnisse. An erster Stelle steht die körperliche Versorgung – Nahrung, Wasser, Luft –, dann unsere anderen Bedürfnisse wie Zugehörigkeit, Nähe, Sex, Anerkennung. Diese Bedürfnisse können wir befriedigen, wenn keine Gefahr droht.

Biologisch ist es äußerst sinnvoll, wenn vorrangig auf Bedrohungen geachtet wird. Dabei geht es nie um das, was wirklich ist, sondern es geht nur um die richtige Reaktion. Die »richtige« ist immer dieselbe wie beim Säbelzahntiger. Es wird also nicht bei jeder Gefahr ein neues Verhalten entwickelt, es ist immer dasselbe, seit Millionen von Jahren. Für unser Bedrohungssystem geht es immer um Leben oder Tod. Das ist einfach, effektiv und erfolgreich.

Leider ist das System fehlerhaft. Es reagiert nämlich ohne wirkliche Lebensgefahr so, als wären wir in Lebensgefahr. Wenn unser emotionales Konto im Minus ist, springt das Bedrohungssystem automatisch an. Das ist manchmal ziemlich übertrieben, denn wenn ich einen Kunden nicht erreiche oder wenn mir Besprechungen ein Horror sind, geht es nun wirklich nicht um Leben oder Tod. Das Innerste bereitet sich tatsächlich auf diesen Ernstfall vor, es kennt nur Säbelzahntiger.

DAS GUTE AN DER SCHLECHTEN LAUNE

Der Sinn der schlechten Laune beschäftigt uns wenig, wir halten sie schlicht für überflüssig. Wir vermeiden es, uns damit länger zu beschäftigen, geschweige denn darüber zu reden. Sie ist so etwas wie ein unerlaubter Gefühlszustand. Wir haben gelernt, uns dafür zu schämen oder kritisieren zu lassen. Wir mögen nicht so gern intensiver darüber nachdenken, weil wir glauben, dann mit unserer »schlechten« Seite konfrontiert zu werden.

Unsere Launen sind ein simples Signal unseres Körpers: Kommt er in einen Mangelzustand, kippt die Laune, der Körper fühlt sich schlecht. Das Ergebnis ist schlechte Laune. So einfach ist das. Immer, wenn Sie schlechte Laune haben, können Sie sicher sein, dass Sie Ihrem Organismus nicht gerecht werden. Organismus hört sich an, als ob es etwas getrennt von Ihnen gäbe – so ist es natürlich nicht. Es geht immer um alles, also um Sie selbst. Wenn Sie also schlechte Laune haben, wird die Situation, in der Sie sich befinden, Ihrem kompletten Selbst nicht gerecht. Sie haben dann also zu Recht schlechte Laune. Das ist ein deutliches Signal.

Das Gute an der schlechten Laune: Sie können erkennen, dass Sie ein Defizit haben. Sie befinden sich in einem Mangelzustand. Es fehlt

Ihnen etwas. Früher fragte der Doktor: »Was fehlt Ihnen?« Wenn Sie diese klassische Frage jetzt in solchen Situationen immer bei sich selbst anwenden, öffnen Sie sich Türen zur guten Laune. Sie schaffen damit nicht grundsätzlich die schlechte Laune ab. Sie lernen dadurch, den Rhythmus Ihrer persönlichen Bedürfnisse zu erkennen.

Ein guter Freund von mir bekommt zum Beispiel immer schlechte Laune, wenn er Hunger hat. Würde er diesen Zusammenhang nicht kennen, wäre sein hungriger Zustand eher unangenehm für seine Umwelt. Da er sich gut kennt, weiß er nun, dass er nicht so lange wie alle anderen auf das Essen warten kann. Um sich selbst gerecht zu werden, isst er eben eine Kleinigkeit vorweg. So einfach ist das. Und da er über diese persönliche Besonderheit sprechen kann – es gibt keinen Grund, sie zu verheimlichen –, wissen es nun auch die anderen. Wenn seine schlechte Laune kommt, geben sie ihm schon mal einen Keks. Dann sind alle zufrieden.

Wenn Sie also für sich herausfinden, wann Sie einen Keks brauchen und was Ihr spezieller Keks ist, können Sie wunderbare Erfahrungen mit sich und den anderen machen. Das ist verhältnismäßig einfach und erfordert keinen großen Aufwand. Das einzig Notwendige ist, sich besser wahrzunehmen und die schlechte Laune als Signal zu verstehen, um daraufhin gut für sich selbst zu sorgen. Wenn Sie Ihre persönliche Logik herausfinden, werden Sie bestimmte Reaktionen bei sich in Zukunft besser verstehen.

Manche Menschen registrieren ihre eigenen Bedürfnisse äußerst feinfühlig, andere latschen grob darüber hinweg. So merken sie kaum ihren Pausenbedarf, weil sie sich dem Rhythmus der Arbeit angepasst haben. Die Arbeit muss fertig werden. Kaum ist etwas fertig, wartet das nächste Unfertige. Der Organismus erlebt dadurch also: Es gibt immer nur Unfertiges, jeden Tag. Weil das unbefriedigend ist, erzeugt der Körper Störungen. Die Botschaften, die von innen kommen, werden dann als Störung des Arbeitsalltags wahrgenommen. Der Einheitsrhythmus wird höher bewertet und manche Menschen glauben, dass sie »nicht ganz richtig« oder sogar krank sind, wenn der Körper sich dagegen aufbäumt. Der Körper kann nicht sprechen, deshalb macht er diese Störungen, das ist sein Ausdrucksmittel. Sie können sich merken: Der Körper zeigt seine schlechte Laune durch Störungen.

Einige Mangelzustände können wir durchaus unterdrücken oder ignorieren, weil wir daran nicht sterben. So können wir unser Bedürfnis nach Anerkennung einfach vergessen oder das Bedürfnis nach Zuwendung oder das Bedürfnis nach Sicherheit. Wir gehen einfach darüber hinweg. Wenn wir dies verbessern möchten, ist es am wichtigsten, die unerfüllten Bedürfnisse zu erkennen. Nach dem inneren Selbstverständnis müssen sie erfüllt werden. Wir müssen etwas tun, in eigener Sache tätig werden, für uns selbst sorgen.

Das emotionale Minus ist ein Signal zum Handeln.

DAS EMOTIONALE KONTO

MINUS	PLUS
Mangel Defizit unerfüllte Bedürfnisse **Emotionale Signale:** Angst, Aggression, schlechte Laune Wie es nicht sein soll. Das will ich *nicht*!	Erfolg Ergebnisse Erlebnisse **Emotionale Signale:** Zufriedenheit, Freude, gute Laune
Die Aufgabe: Das unerfüllte Bedürfnis erkennen. Herausfinden, was getan werden muss. Das unerfüllte Bedürfnis befriedigen. Das emotionale Konto ins Plus bringen.	So soll es sein. Das genau will ich!
MINUS – EIN SIGNAL ZUM HANDELN!	

DAS SCHLECHTE AN DER SCHLECHTEN LAUNE

Das Schlechte an der schlechten Laune: Sie wirkt auf andere und sie ist ansteckend. Unsere angeborenen Verhaltensmuster reagieren auf schlechte Laune. Das innere System meint, wenn andere schlechte Laune haben, muss es irgendwo eine Bedrohung geben. Wenn wir sie nicht erkennen, glauben wir, der mit der schlechten Laune weiß mehr. Wir schenken ihm deshalb mehr Aufmerksamkeit.

Manche Menschen demonstrieren Drohgebärden und schlechte Laune, weil es die einfachste Form ist, andere zu beeindrucken und Aufmerksamkeit zu bekommen. Diese Aufmerksamkeit ist negativ, denn der dauerhaft Schlechtgelaunte erzeugt bei anderen Angst und bringt deren emotionales Konto ins Minus. Wie gesagt, es ist ansteckend.

EIN SINNVOLLES TEAM: DER FÜHLER UND DER DENKER

Im Wesentlichen gibt es in uns zwei Komponenten: einen Fühler und einen Denker. Sie sind ein Team, das sich mit verschiedenen Methoden wechselseitig Ergebnisse liefert. Der Körper lässt sich eher dem Fühler zuordnen, er macht die Gefühle, die Emotionen. Unser Hirn lässt sich eher dem Denker zuordnen, es liefert die Erklärungen. Da das Gehirn ebenfalls ein Teil des Körpers ist und der Körper ebenfalls vom Gehirn gesteuert wird, sind die Unterschiede nicht zu fassen. Beide sind gleichberechtigt und voneinander abhängig.

Gefühle und Emotionen sind dasselbe, die Begriffe kommen aus unterschiedlichen Kulturkreisen. Sie beschreiben die Fähigkeit, durch Empfindungen, Wahrnehmungen und Vorstellungen positiv oder negativ berührt zu werden. Emotionen sind also das, was wir fühlen. Sie sind so vielfältig wie die Situationen, die wir erleben.

Es gibt kein Warum, jemand konsequenterweise so oder so fühlen muss. Warum jemand daraufhin so oder so reagieren wird. Es ist eben so, wie es ist. Für den, der fühlt, ist es immer richtig. Für den, der ganz anders fühlt, ist das oft nicht zu verstehen. Wir können uns nicht vorstellen, dass jemand anderes es ganz anders erlebt.

Das ist so ähnlich, wie aus der Beschaffenheit von Tönen nicht zu erklären ist, warum manche für uns wohl klingen und andere scheußlich. Der eine mag genau das, was der Andere nicht ausstehen kann: Oper, Schlager, Techno, Pop, Walzer, indische Musik, Jazz, Rap, Trommelrhythmen, Volksmusik. Schon beim Durchlesen dieser Begriffe können Sie feststellen, dass Sie die Musik gar nicht hören müssen, schon die Begriffe lösen eine körperliche Reaktion aus. Lesen Sie die Musikbegriffe ruhig noch einmal durch und Sie können beobachten, wie Ihr

Innerstes jeden Begriff bewertet und mit Zustimmung oder Ablehnung kommentiert. Auch das Erleben von Musik ist emotional.

Wir lernen ein ambivalentes Verhältnis zu Gefühlen. Die vielen kleinen Gefühle haben keine Namen, nur die großen Gefühle haben einen: Liebe, Zorn, Wut, Lust, Trauer. Große Gefühle sind oft hoch dramatisch und wir vermeiden die bewusste Berührung mit ihnen. Die Mehrheit dessen, was der Körper fühlt, hat gar keinen Namen. Das ist ein Problem für den Denker. Er kann über Namenloses nicht nachdenken – es verwirrt ihn, dass es etwas geben könnte, für das er keine Worte hat. Viele Menschen haben Probleme, ihre Gefühle zu spüren oder zu zeigen. Gefühle der Geborgenheit, des Glücks und des Wohlbefindens erfahren wir als Kinder. Ist diese Erfahrung zu schwach, können große Gefühle schwer ausgehalten oder ausgedrückt werden.

Manchmal hat man als Kind erfahren, dass die eigenen Ängste von den Eltern nicht ernst genommen wurden, dass sie darüber lachten oder nichts Beschützendes unternommen haben. Wer sich nicht auf Verständnis, Nähe und Trost verlassen konnte, kann sich zu einem unsicheren Erwachsenen entwickeln. Probleme beginnen ebenfalls, wenn Gefühle kultiviert werden: Das sind Bestrebungen, sie den Normen und Prinzipien von Eltern und Erziehern unterordnen zu wollen. Es gibt noch immer die Vorstellung, manche Gefühle müsse man, andere dürfe man nicht haben. So lange man sich vor anderen für sein Gefühl schämen muss, kann man sich nicht im Leben geborgen fühlen. Dann erlebt man, dass man nicht verstanden, sondern gedeutet wird. Die Deutung ist nicht das, was man empfindet. Wo Emotion anfängt, gibt es von anderen nichts zu erklären.

Da in unserer Kultur der Denker bevorzugt wird, werden Gefühle zu einer unwichtigen Privatsache erklärt, die man nicht so ernst nehmen soll. Wir leben in einer Zeit, in der die linke Hirnhemisphäre favorisiert wird. Wir füttern sie bis zum Gehtnichtmehr mit Wissen, Daten, Fakten. So kommt mancher Mensch als Datenträger daher und glaubt wirklich, so funktioniert das Leben. Er lebt nicht mehr aus sich selbst heraus, er wird gelebt.

»Sei doch nicht so emotional!« oder: »Das ist mir jetzt zu emotional!« – damit kann man uns zurückstoßen. Als ob wir bei einer unanständigen Tat erwischt worden wären. Wir interpretieren dann: »So darf ich nicht sein, dann mag man mich nicht.« Die Konsequenz: Man versucht so wenig Gefühlsregungen wie möglich zu zeigen – und versteckt sie manchmal vor sich selbst.

IM BERUF HABEN EMOTIONEN NICHTS ZU SUCHEN

Emotionen lassen sich durch nichts und niemanden unterdrücken, schon gar nicht durch den Denker. Gedanken sind keine Erlebnisse. Sie sind die Erklärung oder Vorbereitung zu Erlebnissen. Der Körper hört zu, wenn Gedanken da sind, und versucht sie in Handlungen umzusetzen.

MERKE

Gedanken sind Handlungsanweisungen für den Körper

Wenn der Körper nun in einem Meeting sitzt und der Denker beschäftigt sich mit den neuesten Statistiken zur globalen Produktentwicklung oder mit Marketingstrategien in China oder mit Zielumsätzen. Was soll er da fühlen? Oder da sitzt einer vor dem Computer und tippt irgendwelche Wörter. Dann kann der Körper eigentlich nach Hause gehen, es gibt nichts zu tun, nichts zu fühlen, nichts zu erleben. Der Körper hört zu und hört zu – es gibt nichts, wonach er handeln kann. Die Bereitschaft zum Handeln wird zwar immer stärker, die Unterforderung immer größer, die Anspannung steigt.

Ein paar minimale Handlungen passieren im Laufe des Tages. Es wird ein Telefon angefasst, gewählt, gesprochen. Der Körper kann zwischendurch aufstehen. Er bekommt Kaffee, Zigaretten, Kekse. Das war's. Irgendwann merkt der Körper, dass das wohl nicht der Sinn seines Daseins sein kann. Er verursacht dezente Störungen, die entweder nicht wahrgenommen oder bekämpft werden. Dafür gibt es Tabletten oder Ähnliches. Nun muss der Körper seine Störungen verstärken, damit sie gemerkt werden. Er liefert also etwas, das wirklich stört: Durchfall, Ohrgeräusche, Händezittern, Schlafstörungen. Das lässt sich nun nicht mehr so einfach übergehen.

Intuitiv ahnt jeder den Zusammenhang mit dem Lebenskonzept. Eine Möglichkeit, die ebenso schnell assoziiert wie weggeschoben wird – Grund dafür ist die Angst vor Veränderungen. Über einen Zusammenhang mit seinem Beruf möchte man nicht so gerne nachdenken, die eigene Existenzgrundlage will niemand in Frage stellen. Das soll auch niemand. Genau das Gegenteil ist der Fall.

MERKE

Je authentischer jemand mit sich selbst ist, desto besser klappt es am Arbeitsplatz.
Ein starker emotionaler Zustand erzeugt einen klaren Verstand.
Ein geschwächter emotionaler Zustand vermindert die mentalen Fähigkeiten.
In der heutigen Wissensgesellschaft sind intellektuelle »Defizite« ein Unglück, weil das Wissen dem Menschen dann nur begrenzt zur Verfügung steht.
Der größte Wissensvernichter ist Stress.

Wer einen Beruf hat, hat meistens gelernt, unternehmerisch zu denken. Wenn wir den menschlichen Organismus wie ein Unternehmen betrachten, geht es auch hier um Einnahmen und Ausgaben. Es ist vor allem der Körper, der den Betrieb am Laufen hält. Ohne Körper funktioniert der Geist nicht. Störungen des Körpers merkt jeder. Schmerzen oder Ohrgeräusche lassen sich nicht wegdenken. Sie sind sehr, sehr deutlich da. Da ist es häufig effizienter, die Betriebsbedingungen zu verbessern.

JEDES PROBLEM IST EIN EMOTIONALES PROBLEM

»Seien Sie doch nicht so emotional.« – »Bleiben Sie doch mal sachlich.« Wir glauben, wir könnten die Welt sachlich betrachten. Dann, glauben wir, wäre manches einfacher. Vielleicht könnten wir dann Menschen wie Stühle platzieren und Probleme mit einer einzigen Handlung erledigen. Vielleicht. Wir versuchen es zumindest.

MERKE

Sachen machen keine Probleme.
Probleme haben immer etwas mit Emotionen zu tun.

Eine sachliche Welt sähe nämlich so aus:
Eine Maschine ist kaputt – Maschine wird repariert – Reparatur funktioniert nicht – Maschine wird entsorgt – Neue Maschine wird gekauft.
Arzt hat Patienten – Er guckt bei Patienten in den Körper – Findet Krankheit – Kennt Rezept – Schreibt Rezept.
Patient geht in Apotheke – Gibt Rezept – Bekommt Medikament – Nimmt Medikament – Krankheit geht weg.
Mensch braucht Geschirrspüler – Geht in Laden – Kauft Geschirrspüler.

Lehrer hat Wissen – Gibt Wissen – Kinder nehmen Wissen.
Kind geht in die Schule – Holt sich Wissen – Lernt – Nimmt Wissen mit – Behält Wissen.
Eltern haben Wohnung – Wohnung hat Räume – Räume haben Teile – Teile haben ihren Platz – Kinder stellen die Teile an den Platz.
Auto fährt – Auto zeigt, es braucht Benzin – Tankstelle hat Benzin – Auto bekommt Benzin – Auto fährt.
Information muss zu Mitarbeitern – Mitarbeiter werden geholt – Es gibt Meetings – Information wird verteilt – Information wird benutzt.

Diese Sachwelt gibt es nicht. Es gibt eine emotionale Welt und die sieht anders aus:

Endlose Meetings. Wer hat etwas zu sagen? Wer ist das Alphatier? Wie verschaffe ich mir Gehör? Wie bekomme ich meine Ideen durchgesetzt? Wie bewältige ich die Präsentation? Wie komme ich da durch, ohne angegriffen zu werden? Ich darf nicht versagen. Was mache ich, wenn die meine Ziele anzweifeln? Wie kann ich beim Chef einen guten Eindruck machen? Ich darf die anderen nicht enttäuschen. Ich muss die anderen hinter mir haben. Viele Meetings sind tatsächlich ein ständiger Kampf mit Säbelzahntigern, jeder bringt seinen eigenen mit. Statt für ein gemeinsames Ziel, kämpft jeder mit seinem eigenen Minus. Das macht Meetings so anstrengend.

Eltern und Kinder. Der ständige Kampf: das unaufgeräumte Kinderzimmer. Die Schuhe gehören nicht unter das Bett. Die Bananenschale gehört nicht auf die Fensterbank. Die Schulsachen gehören auf den Schreibtisch.

Das Auto fährt und fährt. Hoffentlich habe ich unterwegs keine Panne. Hoffentlich reicht der Sprit. Aber auf der Autobahn ist er viel teurer als an der Landstraße. So wird man abgezockt. Das Beste, man nimmt die Bahn. Die wird auch immer unbezahlbarer.

Ich brauche einen Geschirrspüler. Brauche ich den wirklich? Was kostet der? Bringt der denn das, was ich will? Die sind alle viel zu groß für meinen Bedarf. Und so laut. Wie soll ich dann in der Küche sitzen, während der Geschirrspüler dröhnt?

Die Welt ist emotional. Das weiß jeder. Deshalb ist das Leben so lebendig. Und wie gehen wir damit um? Gefühle und Emotionen werden zur Tabuzone erklärt. Sie taugen gerade noch als technischer Begriff: Wissenschaftler haben herausgefunden, dass wir die Außentemperatur fühlen (wer hätte das gedacht). Wir fühlen sie subjektiv, um Störungen auszugleichen, die der Körper durch die Außentemperatur erfährt. So wird der Mensch zum Instrument, das eine »gefühlte Temperatur« registriert. Gleichzeitig wird uns dazu die richtige oder tatsächliche Temperatur genannt. Dabei ist die gefühlte Temperatur viel richtiger. Stellen Sie sich vor, der Körper würde sich nach der gemessenen Temperatur regulieren, dann würden wir erfrieren oder austrocknen.

Der Arbeitswelt wäre es am angenehmsten, wenn Emotionen kalkulierbar einsetzbar wären. Pragmatisch wie sie ist, würde sie am liebsten alles Störende aussparen oder es in etwas Nützliches umwandeln. Manch einer wünscht sich Emotionen als ein Extra, das er beliebig nehmen oder weglassen kann.

Niemand würde Computer bestellen ohne Software, Maschinen ohne Motor, Uhren ohne ein Laufwerk. Was wären Menschen ohne Emotionen? So etwas wie Roboter?

Was ist zu tun? Die Antwort ist ganz unspektakulär: Wenn wir das Minus füttern, erfüllt es keinen Sinn. Das Minus wird nur größer, und es wird uns schlechter dabei gehen. Je weniger wir uns mit dem Minus beschäftigen, desto mehr Energie haben wir für das Plus.

ZWEI LÖWEN

Ein alter Massai-Krieger saß mit seinen Enkeln am Lagerfeuer. Der Alte sagte nach einer Weile des Schweigens: »Weißt Du, im Leben ist es oft so, als ob zwei Löwen im Herzen miteinander kämpfen. Einer der beiden ist rachsüchtig, aggressiv und grausam. Der andere hingegen ist liebevoll, sanft und mitfühlend.« – »Welcher der beiden gewinnt den Kampf?«, fragte ein Kind. »Der Löwe, den man füttert«, antwortete der Alte.
(Verfasser unbekannt)

DER KÖRPER HÖRT ZU, WENN WIR DENKEN

Was die meisten sich nicht vorstellen können, ist, dass der Körper uns beim Denken zuhört und darauf reagiert. Wenn wir etwas tun wollen, dann klappt es nur, weil wir es vorher denken. Wenn ich also denke, dass ich gleich die Möbel im Raum umstellen will, weil ich mehrere Gäste erwarte, brauche ich dafür eine ganz bestimmte Kraft. Mein Körper weiß genau, wie viel. Er stellt sie mir in Form von Energie zur Verfügung. Jederzeit. Der Körper scheint darauf zu warten, dass er Gedanken in Handlungen umsetzen kann, und schafft entsprechend realistische Voraussetzungen dafür. Es wird genau so viel Energie zur Verfügung gestellt, wie ich für die Umsetzung einer geplanten Handlung benötige. Wenn ich plane, einen Brief zu schreiben, bekomme ich weniger Energie – eben nur die für den Brief. Ist die Handlung ausgeführt und die Energie verbraucht, ist alles okay.

Stellen Sie sich vor, Sie wollen einen Kaffee trinken. Vor Ihnen stehen die Kanne mit Kaffee und die Tasse. Ihr Körper weiß genau, wie Sie die Kanne anfassen müssen, wie Sie sie hochheben, wie Sie einschenken. Das machen Sie scheinbar ohne nachzudenken. Die ersten Male in Ihrem Leben, als Sie Kaffee eingeschenkt haben … Wie war das? Wie haben Sie gelernt, Kaffee einzuschenken? Wahrscheinlich erinnern Sie sich nicht mehr. Wenn Sie Kinder beobachten, können Sie sehen, wie anstrengend und konzentriert die ersten Versuche ablaufen. Irgendwann weiß der Körper, wie es geht, und die Handlungsabläufe werden an das Unterbewusstsein delegiert. So brauchen Sie nicht jedes Mal aufs Neue über die einzelnen Bewegungen bewusst nachzudenken. Es geht wie von selbst. Und noch etwas kann das Unterbewusstsein perfekt: Bei jedem Einschenken wird die Kanne leichter. Auch die Tasse wird mit jedem Schluck leichter. Der Körper – das Unterbewusstsein – weiß, wie schwer die Tasse ist und wie schwer die Kanne ist, trotz der ständigen Veränderungen. Gleichzeitig mit dem Tun werden kleinste Veränderungen beobachtet und berücksichtigt.

Der Körper hört also nicht nur zu, wenn wir denken, er beobachtet unsere Handlungen auch.

Ich. Der Körper, das lebt von ganz alleine, wenn es einmal angefangen hat. Aber den Gedanken, den führe ich fort, den wickle ich ab. Ich existiere. Ich denke, dass ich existiere. … Mein Denken, das bin ich: deshalb kann ich nicht aufhören. Ich existiere, weil ich denke … und ich kann mich nicht daran hindern zu denken. Sogar in diesem Moment – es ist grässlich, wenn ich existiere, so, weil es mich graut zu existieren. Ich bin es, ich bin es, der mich aus dem Nichts zieht, nach dem ich trachte: der Hass, der Abscheu zu existieren, das sind wiederum nur Arten, mich existieren zu machen, in die Existenz einzutauchen. Die Gedanken entstehen hinter mir, wie ein Schwindelgefühl, ich fühle sie hinter meinem Kopf entstehen … wenn ich nachgebe, kommen sie gleich hier nach vorne, zwischen meine Augen – und ich gebe immer nach, das Denken schwillt an, schwillt an und da ist es, riesengroß, das mich vollständig ausfüllt und meine Existenz erneuert.
(Jean-Paul Sartre)

WAS MACHT DER KÖRPER BEI UNKLAREN GEDANKEN?

Wenn ich denke: »Oh, ich muss dringend die Möbel umräumen und dann muss ich noch die Post erledigen und für meine Gäste kochen und Getränke besorgen und Tante Elise anrufen und bei den Nachbarn die Blumen gießen … und dann sind da noch all die anderen unerledigten Arbeiten …« Dann hört der Körper ebenfalls zu. Und er hört genau, auf welche Handlungen er sich vorbereiten muss. Er weiß: Da muss ganz viel gemacht werden und dafür muss eine ganz große Menge Energie freigesetzt werden. Und das tut er dann. Vielleicht denke ich zusätzlich noch: »Wenn ich das nicht schaffe … nun habe ich so viel Zeit vergeudet … ich muss das schaffen … sonst …« Auch dann hört der Körper immer noch zu und setzt wiederum eine Ladung Energie frei. Denn er hört, dass da etwas Dringendes ist. In Wirklichkeit denke ich nur – und handle nicht.

Nun wird die Energie für all die ausgedachten, aber nicht verwirklichten Handlungen nicht abgebaut, sie steht auf Abruf bereit. Das ist, als ob die Pferde gesattelt sind – es geht aber nicht los. Und genauso wie die Pferde in diesem Fall mit den Hufen scharren, spüren wir die Unruhe im Körper. Die Unruhe erinnert uns dann immer wieder an die unerledigte Arbeit und es wird immer wieder Energie freigesetzt. Die unerledigte Arbeit ist es, die die Anstrengung verursacht. Das nennt man Stress. Wenn wir beachten, dass wir den Körper mit unklaren Gedanken verwirren, kommen wir wieder zu klareren Gedanken. Wenn wir z. B. zehn Akten zu bearbeiten haben und innerlich aufschreien: »Zehn Akten!!!« (obwohl wir realistisch jetzt nur eine bearbeiten können), gibt der Körper die Energie für zehn Akten. Die Arbeit wird dann nicht etwa zehnmal so schnell fertig, sondern die überflüssige Energie (für neun Akten) stört die Bearbeitung dieser einen Akte. Körpergerecht denken heißt: Wir bearbeiten zehnmal hintereinander eine einzige Akte. Erst die eine, dann die andere, dann die nächste. Das versteht der Körper. Wir erledigen die Arbeit dann konzentriert und stressfrei und wir kommen zu besseren Ergebnissen.

ZWEITENS

WIE WIR UNS SELBST SCHWÄCHEN ODER STÄRKEN

02

WIR LEBEN in unserer eigenen, von uns geschaffenen Innenwelt. Diese Innenwelt wird einerseits ständig mit neuen Informationen gefüttert, andererseits hat sie eine fertige Struktur, an die alles Neue angepasst wird. So kommunizieren wir ständig mit uns selbst. Diese Selbstkommunikation kann uns stärken oder schwächen. Wir wissen, *dass* wir denken. Irrtümlich nehmen wir an, wir wüssten immer, was wir denken. Das ist häufig nur begrenzt der Fall. Unsere Gedanken haben ein Eigenleben und springen oft ungefragt in unserem Hirn herum.

Im Prinzip ist unser Denkapparat unser wichtigster Überlebensfaktor. Hört sich dramatisch an und ist es auch. Mit Überleben ist in der Biologie nicht das kurzfristige, jetzige Leben gemeint, sondern das Überleben, das über Generationen von Generationen – also immer – funktionieren muss. Es geht also immer auch um das Überleben der ganzen Art.

Es ist kein Zufall, dass wir auf der Welt sind. Wir sind Überlebende von Generationen und Generationen vor uns. Offensichtlich war da etwas wirksam, das dies ermöglicht hat. Sie müssen sich vermehrt haben und ihre Kinder müssen wieder Kinder bekommen haben. Dazu gehört: sich und den Nachwuchs ernähren und Gefahren meistern können. Jeden Moment wahrnehmen, erkennen, bewerten. Und dann entscheiden: Muss ich reagieren oder nicht? Wenn sich etwas in der Außenwelt verändert hat, ist dies eine Bedrohung oder nicht? Falls es eine Bedrohung ist: Bin ich ihr gewachsen oder nicht? Bin ich ihr nicht gewachsen, muss ich dann abhauen oder um mein Leben kämpfen?

Die Außenwelt wird also wahrgenommen und die Innenwelt bewertet sie. Das Innerste rechnet aus Überlebensgesichtspunkten immer mit dem Schlimmsten. Und das erzählt es uns dann. Das sind die Gedanken. Wir haben ständig eine innere Kommunikation mit uns selbst. Wir hören uns zu und handeln danach. Je nach Lebenserfahrung und Temperament und gelernten Verhaltensregeln erfahren wir von uns selbst – durch unsere inneren Monologe –, wie wir die Welt einzuschätzen haben. Entsprechend erleben wir die Welt. Unser emotionales Konto rutscht entweder ins Plus oder ins Minus.

In den folgenden Kapiteln habe ich einige typische Beispiele gesammelt, wie wir unser emotionales Konto durch uns selbst ins Minus bringen können. Nach jedem Minuskapitel finden Sie ein Kapitel mit Anregungen, wie Sie das Konto ins Plus führen können. Verstehen Sie es als Anregung, es gibt Unmengen von anderen Lösungen.

MEISTER DER NEGATIVEN GEDANKEN

Wir alle sind Meister der Selbstbeeinflussung, besonders im Nega tiven. Das hindert uns, zu erreichen, was wir erreichen wollen. Wir selbst bringen unser emotionales Konto ins Minus.

Durch negatives Denken über uns selbst:
Das kann ich nicht.
Das schaffe ich nicht.
Was ist, wenn ich …
Was denken dann die anderen von mir?
Die anderen können es sowieso besser.

Durch Selbstkritik:
Ich bin viel zu unbegabt.
Ich bin dafür viel zu dämlich (ungeschickt, schwach, hässlich).
Ich lerne das nie.
Das ist schon damals nicht gut gelaufen.
Wenn ich schon mal was plane …
Mit mir will sowieso keiner etwas zu tun haben.

Durch innere Schranken, Verbote, Regeln:
Für mich nicht …
In unserer Familie hat das noch keiner versucht …
Wenn ich jemanden einlade, wird bei mir keiner kommen.

Durch schlechte Erfahrungen aus der Vergangenheit, die wir als Wahrheit in die Zukunft übertragen:
Ich weiß genau, das geht nicht.
Das habe ich schon einmal erlebt.

Durch Angst vor Versagen:
Wenn das nicht klappt, dann ....
Bei dem Vortrag versagt mir bestimmt die Stimme.

Durch Angst vor Erfolg:
Wenn das klappt, dann muss ich das immer wieder bringen.
Dann werden die anderen neidisch sein.
Dann denken die, ich habe nur Glück gehabt.

Durch falsche Glaubenssätze :
Lieber arm, aber glücklich.
Man kann nicht alles haben.
Wer hoch steigt, kann tief fallen.

Durch falsche Vorstellungen:
Wenn ich Gäste einlade und die sehen meine Küche … nein, das geht gar nicht, und der Herd ist viel zu alt … eigentlich müsste ich erst meine Küche renovieren, bevor ich jemanden einlade. (Zu kompliziert gedacht.)
Wenn ich den Auftrag kriegen sollte und die wollen den Preis extrem drücken oder die wollen einen Liefertermin, den ich gar nicht schaffen kann … (Der zweite Schritt wird vor dem ersten gedacht.)
Wenn die Gäste dann da sind und denen schmeckt das Essen gar nicht oder das Essen reicht nicht … (Zu umständlich, zu problemorientiert gedacht.)

Achte auf deine Gedanken, denn sie werden Worte.
Achte auf deine Worte, denn sie werden Handlungen.
Achte auf deine Handlungen, denn sie werden Gewohnheiten.
Achte auf deine Gewohnheiten, denn sie werden dein Charakter.
Achte auf deinen Charakter, denn er wird dein Schicksal.
(Talmud)

ENTLARVEN DER NEGATIVEN GEDANKEN UND MASSNAHMEN DAGEGEN

Es ist in Ordnung, wenn die Gedanken wie Vögel über unser Haupt fliegen, doch brauchen wir nicht zuzulassen, dass sie Nester in unseren Haaren bauen.
(Dschuang Dsi)

Folgende Techniken können Ihnen helfen, negative Gedanken zunächst zu entlarven und dann zu verändern.

FRAGEN SIE SICH: »HILFT MIR DIESER GEDANKE?«

Was ist das Ergebnis, wenn ich so denke – wenn ich es zu Ende denke?
Welche Handlungen ergeben sich konsequenterweise daraus?
Ist es das, was ich wirklich will?

DIE »GUTER-FREUND-METHODE«

Was würden Sie einem guten Freund in dieser Situation sagen?
Welche hilfreichen und unterstützenden Worte würden Sie ihm sagen?
Schreiben Sie diese Worte auf! Welchen Rat würden Sie ihm geben?
Und nun geben Sie sich selbst diesen Rat!

HÖREN SIE AUF, SICH ZU KRITISIEREN!

Machen Sie eine Negativ-Liste und schreiben Sie zu jedem negativen Einfall drei (!) positive Eigenschaften auf.
Wann immer Sie sich bei einer Kritik ertappen, setzen Sie drei positive Dinge dagegen.
Lernen Sie, sich zu loben, stolz zu sein! Stolz ist etwas Gesundes.

AKZEPTIEREN SIE SCHWÄCHEN!

»Kein Mensch ist vollkommen!«
Also: Wer vollkommen ist, ist kein Mensch!
Sagen Sie sich öfter: »Ich mag mich so, wie ich bin!«
Betrachten Sie gelassen Ihre Schwächen und sagen Sie sich: »Ich mag mich auch, wenn ich ...«

DIE »KLAMMER-ODER-TRENN-METHODE«

Würden Sie sich wohlfühlen mit einem Menschen, der Tag für Tag auf Ihren Fehlern und Schwächen herumhackt? Was würden Sie tun? Ihm aus dem Weg gehen? Sich wehren? Ihn zum Schweigen bringen?
Warum verbringen Sie dann freiwillig Tag für Tag mit Ihrem inneren Kritiker, der Sie runtermacht und abwertet? Der nicht müde wird, Ihnen zu erzählen, wie unfähig, dumm oder schuldig Sie sind?
Kennen Sie diesen Kritiker? (Vielleicht ist es Ihre Mutter? Oder Ihr Vater?)
Brauchen Sie diesen Kritiker?
Ist es überhaupt ein Mensch oder ein Hirngespinst?
Warum klammern Sie sich an ihn?
Warum trennen Sie sich nicht?
Suchen Sie sich einen inneren Begleiter, der liebevoll und achtsam mit Ihnen umgeht!

SEIEN SIE STÄRKER ALS IHRE GEDANKEN!

Helfen Sie sich mit folgender Überlegung: »Ich habe diesen Gedanken, aber ich bin nicht dieser Gedanke. Ich bin in Wahrheit der Betrachter dieses Gedankens. Ich lasse diesen Gedanken jetzt frei und betrachte einen Gedanken, der mir besser bekommt.«
Formulieren Sie »Gegengedanken «.
Formulieren Sie unterstützende, aufbauende, achtsame und stärkende Gedanken. Wiederholen Sie diese häufiger und sagen Sie sich: »Mit diesem Gedanken will ich künftig leben:
____!«

SCHREIBEN SIE EIN POSITIVTAGEBUCH

Notieren Sie regelmäßig positive Erfahrungen, die Sie gemacht haben – und nur diese.
Schreiben Sie auch die kleinen Momente auf! Das macht wacher für die guten Seiten des Lebens und trainiert Ihre Glücksfähigkeit.
Glücksfähigkeit fördert die Gesundheit der Seele. Es sind oft kurze Augenblicke im Alltag, die uns Freude bereiten. Es lohnt sich, diese kostbaren Momente festzuhalten. Eine kleine Notiz genügt. So werden positive Ereignisse aneinandergereiht wie Perlen auf einer Kette. Bei jedem neuen Ereignis bleibt ein vergangenes in Erinnerung. Mit dieser Sammlung von guten Erfahrungen können Sie Ihre Seele ernähren.

FORMULIEREN SIE IHRE ZIELE

Ich spreche gern von Zielformulierungen, andere sagen Suggestionen oder Affirmationen. Das ist ein neutraler Begriff, er drückt aus, worum es geht: um das Erreichen eines Zieles. Zielformulierungen sind untrennbar mit der Bejahung des eigenen Lebens und dem Erreichen von Wünschen, Bedürfnissen und Sehnsüchten verbunden.
Wir sind hoch begabt in der negativen Selbstbeeinflussung. Auch negative Vorstellungen sind Suggestionen. Sie werden 500- bis 1000-mal am Tag gedacht und sickern dadurch in tiefere Schichten unseres Unterbewusstseins und beeinflussen uns nachhaltig.
Durch positive Formulierungen können wir positive Emotionen aktivieren. Wir können »mentale Plätze« besetzen und dadurch verhindern, dass negative Gedanken sich Raum nehmen.

MERKE

Positive Aussagen und Vorstellungen fliegen uns nicht einfach zu.
Wir müssen sie bewusst entwickeln.

Die Regeln: Damit Zielformulierungen selbsterfüllend wirksam werden können, gibt es einige Regeln. Folgende Anregungen sind sinnvoll:

MINUS	PLUS
Unklare Gedanken führen zu keinem Ergebnis:	Was genau soll geschehen? Entwickeln Sie dazu vollständige Sätze, die …
Statt	… Sie in der Gegenwartsform (Präsens) formulieren:
Ich *sollte* denn Führerschein machen.	Ich mache jetzt den Führerschein.
Ich *werde* das nicht vergessen.	Ich denke daran.
Wenn das nicht klappt, *dann* …	Ich weiß, dass ich es kann.
Man *müsste* mal Gäste einladen.	Ich lade Gäste ein, die gerne zu mir kommen.
Statt	… eine konkrete Handlung, eine Erleben oder ein Gefühl ausdrücken:
Ich *müsste* eigentlich aufräumen.	Ich beginne jetzt mit dem Aufräumen.
Ich *weiß nicht*, wie ich mich entscheiden soll.	Ich sage jetzt NEIN, wenn ich NEIN fühle.
Ich *glaube*, ich lasse mir zu viel gefallen.	Ich wehre mich.
Ich *möchte* zufriedener sein.	Ich entdecke Lust und Freude.
Keiner gibt mir Anerkennung.	Ich erfahre die Anerkennung, die ich brauche.
Statt	… Stresswörter vermeiden und Wörter benutzen, die eine positive Aussage haben
Die *Angst* geht weg.	Meine Sicherheit wird immer größer.
Ich will mich nicht mehr *ärgern*.	Ich bin auf dem richtigen Weg.
Hoffentlich *versagt* mir nicht *die Stimme*.	Ich rede mit ruhiger, fester Stimme.
Statt	… auch die Passivität, das Geschehenlassen ermöglichen:
Ich *muss* mehr *tun*.	Ich lasse den Erfolg geschehen.
Ich sollte mich noch mehr *anstrengen*.	Meine Gelassenheit wird immer größer.
Ich brauche *Disziplin*.	Es entwickelt sich alles zum Guten.

MINUS	PLUS
Statt Behauptungen aufzustellen:	... Dynamik und Entwicklung ausdrücken:
Ich bin gesund (wenn ich es gar nicht bin).	Es wird täglich besser und besser.
Ich bin stark (wenn ich mich schwach fühle).	Ich werde immer souveräner und stärker.
Ich bin reich (wenn ich Schulden habe).	Ich sorge für meinen Erfolg und ein gutes Einkommen.
Statt	... die eigenen Zwänge ausgrenzen:
Ich muss noch besser werden.	Das, was ich bin, und das, was ich kann, reicht aus.
Was sollen die anderen denken?	Was andere denken, ist vollkommen gleichgültig. Ich muss mich niemals rechtfertigen ...
Statt der Negativsätze:	... klar und konkret formulieren, was Sie wirklich wollen:
Das kann ich *nicht*.	Ich will es lernen, ich kann alles erreichen.
Ich lerne das *nie*.	
Mit mir will sowieso *keiner* etwas zu tun haben.	Ich suche mir Menschen, die mir gefallen.
Man kann *nicht* alles haben.	Ich habe das Beste verdient – ich kann alles haben.
In unserer Familie hat das noch *keiner* versucht.	Ich bin die Erste, die es versucht, und ich werde erfolgreich sein.
Statt sich abzuwerten:	... Selbstachtung und Stolz aktivieren:
Ich bin dafür viel zu dämlich (ungeschickt, unbegabt, hässlich).	Ich bin attraktiv, erfolgreich und begehrenswert.
Dann denken die, ich habe nur Glück gehabt.	Die anderen freuen sich über meinen Erfolg.
Ich werde sowieso wieder verlassen.	Ich finde den/die Partner/Partnerin, der/die bei mir bleibt.

Wenn Sie Ihre Zielformulierung gefunden haben, sollten Sie sie aufschreiben. Alles, was wirkt, ist richtig. Sie können zu Ihrem Thema, das Sie zum Erfolg bringen wollen, bis zu sieben Sätze schriftlich formulieren. Durch die Schriftform sind sie in der Welt und können nicht verloren gehen.

TIPP

Wenn Sie Ihre Zielformulierungen häufiger wiederholen, können sie in Ihr Unterbewusstsein sickern und sich »wie von selbst« verwirklichen.

DAS PROBLEM WÄCHST DURCH PROBLEMFIXIERUNG

Jedem Problem liegt eine bestimmte Denkstruktur zugrunde. Immer, wenn wir ein Problem haben, ist unser emotionales Konto im Minus und erzeugt negative Gedanken. Negativ heißt, dass wir uns mit dem beschäftigen, was wir NICHT wollen. Je intensiver wir uns nun mit dem Problem beschäftigen, umso mehr negative Gedanken werden erzeugt. Die negativen Gedanken füttern das Problem immer mehr und bestätigen es auf seltsame Weise. Am Ende wissen wir mehr über das Problem als vorher – das Problem ist größer geworden. Negative Gedanken werden mehrere hundert Mal am Tag gedacht – je nachdem, wie das Problem unser Leben beeinflusst. Sie tauchen dann immer wieder wie von selbst auf.

Was machen wir, wenn uns die bevorstehende Prüfung immer wieder in den Kopf kommt? Wenn wir voller Angst an den nächsten Vortrag denken? Wenn wir Flugangst haben und der Termin rückt immer näher? Wenn wir ein Kundengespräch mit einem ganz schwierigen Menschen vor uns haben? Es ist kaum möglich, die negativen Gedanken NICHT zu denken.

Wir kennen das aus der Kindheit. Schon damals konnten wir uns amüsieren, dass wir folgendes Denkexperiment nicht umsetzen konnten: »Wenn du drei Minuten NICHT an einen lila Elefanten denkst, werden dir alle Wünsche erfüllt.« Nun, das Ergebnis kennt jeder. Die lila Elefanten werden immer mehr und immer größer. Also kann ich bei Flugangst, Prüfungsangst, Arbeitsstress, Lampenfieber ebenfalls versuchen, NICHT daran zu denken – und was passiert? Die Angst wird immer größer.

Ein typisches Beispiel: Prüfungen. Obwohl erwiesen ist, dass die meisten ihre Prüfungen bestehen, erzählt sich (fast) jeder, wenn er vor einer Prüfung steht, dass er durchfallen könnte – egal wie gut er ist. Jeder denkt, er hätte viel zu wenig gelernt oder das Gelernte steht vielleicht gar nicht zur Verfügung. Vielleicht ist es längst aus dem Kopf verschwunden, vergessen? Vielleicht haben wir plötzlich ein Brett vorm Kopf? Das macht Angst.

Wenn man das weiß, ändert es absolut nichts an der Angst. Man kann sich zehnmal sagen: »Du brauchst keine Angst zu haben«, es funktioniert nicht. Erkenntnis ändert die Gefühle nicht. Unser Unterbewusstsein reagiert schneller als der denkende Verstand auf Bedrohungen. Der Prüfling hat sich nämlich in inneren Monologen längst ausgemalt, was alles passieren wird, wenn er die Prüfung NICHT besteht. Sinngemäß: »Dann war alles umsonst.« – »Dann kann ich noch mal von vorne anfangen.« – »Dann bekomme ich niemals einen Job.« – »Dann sind alle enttäuscht von mir.« Das Unterbewusstsein kann nicht unterscheiden zwischen Wirklichkeit und ausgedachten Möglichkeiten. Es nimmt die inneren Dialoge als Wahrheit – und reagiert darauf. In diesem Fall erscheint dem Unterbewusstsein die Prüfung als massive Bedrohung. Die logische Antwort, könnte unser Unterbewusstsein sprechen, hieße: »Komm, lass das sein mit der Prüfung. Das ist viel zu bedrohlich. Lass uns abhauen!« Und der Verstand antwortet: »Nein, da müssen wir durch!« Und lernt noch mehr. Dieses innere Dilemma nährt die Angst noch mehr. Da kann man nur froh sein, dass es irgendwann einen festen Prüfungstermin gibt. Dann hat das endlich ein Ende.

Weitere Beispiele: Vor einem Vortrag: »Was ist, wenn jemand mich zum Thema XYZ fragt? Das ist ein sehr heikles Thema und ich weiß nicht genug darüber. Und dann reden alle nur von diesem Thema und mein Vortrag bekommt eine ganz andere Richtung.«

Präsentation: »Ich mache nun seit langer Zeit gute Präsentationen. Meistens sind es zwanzig Leute. Nun werden es sechzig Leute sein und es kommen die drei wichtigsten Chefs mit. Das macht mir Angst. Ich denke immer nur daran und kann gar nicht mehr schlafen.«

FAZIT

Die Fixierung auf das Problem führt dazu, dass das Problem größer wird. Je länger wir uns mit einem Problem beschäftigen, umso mehr lernen wir es kennen. Wir analysieren es und erkunden es – und es lässt uns nicht los. Es schwächt uns und bringt unser emotionales Konto ins Minus.

DIE LÖSUNG WÄCHST DURCH LÖSUNGSORIENTIERUNG

Wer glaubt, da kann man nichts machen, der irrt. Jeder, der ein Problem hat, hat eine Lösung in sich – sonst hätte er das Problem gar nicht. Nur weil wir die Lösung – noch nicht – kennen, erzählt uns unser Verstand, es gäbe sie nicht. Und da irrt er.

**Inmitten der Schwierigkeit liegt die Möglichkeit.
(Albert Einstein)**

Der erste Schritt zur Lösung ist die Erkenntnis, dass wir das Problem gar nicht haben wollen. Also ist es auf Dauer nicht hilfreich, sich intensiv mit dem Problem zu beschäftigen. Die emotionale Qualität rutscht dann immer weiter ab in Richtung Angst, Hilflosigkeit, Resignation, Opferrolle.

Wenn Sie ein Problem haben und sich davon befreien wollen, sind die ersten Fragen:
Was genau will ich denn wirklich? Worum geht es? Wie kann ich es erreichen? Was kann ich als erstes tun?

Wechseln sie die Blickrichtung. Die Lösung geht in Richtung Zukunft: Beschreiben Sie das Ergebnis, das Sie erreichen wollen. Formulieren Sie daraus Ziele, realistische Ziele. Formulieren Sie erste Schritte, um dieses Ziel oder Ergebnis zu erreichen. Verfolgen Sie es weiter nach dem Prinzip der kleinen Schritte. Viele kleine Schritte ergeben dann bald einen großen Schritt. Durch den ersten kleinen Schritt kommen Sie zum Handeln. Berücksichtigen Sie, dass es immer mehrere Handlungsalternativen gibt, dass Sie also mit jeder Handlung freier werden in Ihren Entscheidungen und herauskommen aus der Fixierung, aus der Erstarrung.

Manchmal findet man gute Lösungen, wenn man sich vorstellt, wie ein anderer dieses Problem lösen würde. Wenden Sie die »Guter-Freund-Methode« an und stellen Sie sich vor, ein guter Freund von Ihnen hätte das Problem und Sie seien sein Berater. Dadurch bekommen sie Distanz zum Problem und es wird beherrschbar, lösbar.

Überlegen Sie – machen Sie einen Zeitsprung –, was wäre, wenn das Problem bereits gelöst worden wäre. Was wäre dann anders? Wie geht es Ihnen dann? Woran merken Sie die Veränderung? Bleiben Sie eine Weile in diesem Zustand und fühlen Sie, wie gut es Ihnen dabei geht.

Wenn Sie mehrere Alternativen herausgefunden haben, kommt manchmal das Dilemma: Was soll ich denn nun machen? Beginnen Sie mit dem, was am schnellsten und am leichtesten umzusetzen ist.

ÜBUNG: PROBLEM UND LÖSUNG

Ich möchte Ihnen mit einer kleinen Übung den Unterschied zwischen einem Problem und der Lösung zeigen. Wählen Sie dafür zwei Gegenstände, die Sie gerade sehen. Einen Kugelschreiber und eine Zeitung oder eine Vase und einen Apfel, eine Flasche und ein Buch – zwei x-beliebige Gegenstände. Nun bekommen beide Gegenstände einen Namen, der eine heißt »Problem« und der andere heißt »Lösung«.

Jetzt beginnt die Übung: Nehmen Sie das »Problem« in die Hand und stellen Sie sich vor, Sie beschäftigen sich mit dem Problem. Problem jetzt sehr intensiv. Sie schauen sich alle Details an. Wie groß ist es? Aus welchem Material ist es? Welche Details können Sie erkennen? Was können Sie noch entdecken? Was ist das Spezielle? Je länger Sie sich damit beschäftigen, umso genauer kennen Sie das Problem. Es kommt zu einer Problemvergrößerung, manchmal zu einer »Problemverliebtheit«. Man kennt es so gut, es ist so vertraut. Man ist so dicht dran und kann an gar nichts anderes denken. Das Problem hat die Führung übernommen und steuert uns.

Nun kommt der zweite Teil der Übung: Sie legen das Problem beiseite. Damit gibt es das Problem immer noch, aber es ist jetzt nicht das Wichtigste. Jetzt greifen Sie zur »Lösung«: Betrachten Sie die Lösung. Wie beim Problem erkennen Sie immer mehr Details der Lösung. Die waren Ihnen vorher genauso unbekannt wie das Problem. Jetzt erschließt sich die Lösung immer deutlicher und immer klarer, weil Sie sich damit beschäftigen. Wie groß ist sie? Ist sie einfach oder kompliziert? Reicht sie aus oder gibt es noch Alternativen? Schaffen Sie es alleine oder bekommen Sie Unterstützung?

Wenn Sie jetzt tatsächlich ein Problem haben, werden Sie dessen Lösung noch nicht kennen. Auch wenn Sie die Lösung nicht sofort finden, beschäftigt sich Ihr Innerstes weiter damit, bis Sie ein zufrieden stellendes Ergebnis gefunden haben. Es ist, als ob innere Suchprozesse angestoßen werden und die Verhaftung mit dem Problem aufgehoben wird.

MERKE

Auch wenn ich die Lösung noch nicht kenne, es gibt eine und ich werde sie finden.

VOM PROBLEM ZUR LÖSUNG – BEISPIELE

VOR EINER PRÜFUNG

MINUS	PLUS
Was soll ich machen, wenn ich durchfalle? Ich bin dann viel zu alt, wenn ich wiederholen muss. Dann finde ich nie einen Job. Außerdem habe ich nur noch drei Monate zum Üben. Ich muss vier Bücher durcharbeiten, die Themen liegen mir überhaupt nicht. Außerdem ist das viel zu viel Stoff.	*Was genau will ich denn wirklich?* Die Prüfung bestehen. *Worum geht es?* Ums Lernen und Üben. *Wie kann ich es erreichen?* Indem ich anfange zu lernen. *Was kann ich als Erstes tun?* Mir die vier Bücher anschauen. *Was kann ich als Nächstes tun?* Mir die Stoffmenge bewusst machen. Die vier Bücher haben z. B. 1.800 Seiten. Das sind, wenn man drei Monate Zeit hat, durchschnittlich zwanzig Seiten pro Tag. Das ist zu schaffen. *Was noch?* Wenn ich die Themen noch gar nicht kenne, kann ich gar nicht wissen, ob sie mir liegen.

VOR EINEM VORTRAG

MINUS	PLUS
Was ist, wenn jemand mich zum Thema XYZ fragt? Das ist ein sehr heikles Thema und ich weiß nicht genug darüber.	*Was genau will ich denn wirklich?* Ich will den Vortrag halten und mich darauf gut vorbereiten. *Worum geht es?* Dass ich mich nicht in Diskussionen verwickeln lasse.

Und dann reden alle nur von diesem Thema und mein Vortrag bekommt eine ganz andere Richtung.	*Wie kann ich das erreichen?* Ich bin darauf gefasst und sage ganz ruhig: »Darüber weiß ich genug, das ist nicht mein Thema.« *Was kann ich sonst noch tun?* Mich frei machen: Ich muss nicht alles wissen. *Was gibt es noch?* Mehr Vorträge halten. Üben.

PRÄSENTATION

MINUS	PLUS
Ich mache nun seit langer Zeit gute Präsentationen.	*Was genau will ich denn wirklich?* So gut wie immer präsentieren. *Worum geht es eigentlich?*
Meistens sind es zwanzig Leute. Nun werden es sechzig Leute sein und es kommen die drei wichtigsten Chefs mit. Das macht mir Angst.	Es sind mehr Zuhörer als sonst. Dadurch wird die Präsentation nicht »mehr«, man kann die Präsentation nicht mit der Anzahl der Zuhörer multiplizieren. Hier wird Menge mit Qualität verwechselt. *Wie kann ich es erreichen?*
Ich denke immer nur daran und kann gar nicht mehr schlafen.	Genau das machen, was Sie immer machen, wenn Sie präsentieren. Es sollte keinen Unterschied machen, ob drei zuhören oder dreihundert oder keiner. *Was kann ich tun?* Mich auf die Präsentation freuen. *Was gibt es noch?* Aufhören, die eigene Leistung abzuwerten.

DIE SPRACHE ALS ENERGIESAUGER

Wir lernen die Muttersprache, indem wir Wörter von anderen nachbilden. Mit dem Sprachenlernen legen wir ein individuelles inneres Lexikon an. Dieses Lexikon erfasst die ganze Bedeutung, die die Begriffe für uns haben. Ein Tisch ist nicht nur ein Tisch, ein Apfel ist nicht nur ein Apfel. Jedes Wort hat auch eine emotionale Bedeutung. An jedem Wort hängt eine ganze Geschichte. Der Umgang mit Wörtern ist die Erinnerung mit Erfahrungen, die wir mit den Dingen gemacht haben. Mit dem Aussprechen eines Wortes werden diese Kenntnisse geweckt, egal, ob wir selbst das Wort aussprechen oder jemand anderer oder ob wir es lesen. Wir aktivieren dann das, was tief im Unterbewusstsein gespeichert ist.

Unser Gehirn hat die Fähigkeit, anhand eines Wortes die ganze innere Geschichte zu liefern. Jedes Wort löst sofort einen Suchprozess aus. Das Gehirn sucht in seinem Speicher, dem Gedächtnis, was es dazu vorrätig hat. Dann liefert es die dazugehörige emotionale Antwort und obendrein – ungefragt, selbsttätig – einen »Kommentar«.

Es ist erwiesen, dass beim Wort »Stuhl« automatisch die Gesäßmuskeln kontrahieren. Das ist die gespeicherte Erfahrung: Stuhl bedeutet hinsetzen, also muss der Körper die Gesäßmuskel anspannen. Beim Wort Apfel sehen wir vor unserem inneren Auge einen Apfel. Wie sieht Ihr Apfel aus? Rot? Gelb? Grün? Wenn wir gerne Äpfel essen, sehen wir einen angebissenen Apfel oder die geschnittenen Apfelstücke. Der Obstbauer sieht Apfelbäume.

So gibt es Wörter, die fast bei allen negativ definiert werden: Finanzamt, Schlange, Arbeitslosigkeit, Autobahnraser, Egoismus, Aggressivität, Prüfung. Ein Wort genügt und das emotionale Konto meldet: Minus, Minus, Minus. Unser inneres Lexikon öffnet die Abteilung Feindesland und wir produzieren feindselige Gedanken. Hören wir, dass jemand eine Schlange als Haustier hat, wissen wir aus unserem inneren Lexikon: »Schlange ist Bedrohung!« Unser Kommentar lautet vielleicht: »Wie kann man nur!« Jeder Minusbegriff ist ein Feindbegriff und wir gehen in eine Abwehrhaltung. Der innere Speicher behauptet: Die Prüfer können uns etwas antun, uns nämlich einfach durchfallen lassen. Die Bank raubt unser Geld – auch wenn wir ein sicheres Konto bei ihr haben.

Es gibt ganze Satzkonstruktionen, die grundsätzlich negativ sind, also zum Minuskonto führen.

Hier einige Beispiele: Bevor Sie die Beispiele lesen, beachten Sie bitte Ihre augenblickliche Stimmung. Und dann beobachten Sie, ob sich Ihre Stimmung verändert hat, wenn Sie die folgenden Sätze gelesen haben:

Ich schaffe es nicht.
Ich traf immer nur Menschen, mit denen ich nicht glücklich war.
Ich möchte die anderen nicht enttäuschen.
Ich habe Angst, nicht dazuzugehören.
Bei mir klappt es nicht.
Für mich ist das nichts.
So etwas möchte ich nicht noch einmal erleben!
Ich habe das nicht gelernt.
Er tut einfach nicht, was ich ihm sage.
Ich bin nicht gut genug vorbereitet.
Ich kann es nicht so wie die, die es täglich machen.
Ich habe Angst, nicht zu wissen, wie es ausgeht.
Die schlimmste Vorstellung: Alle lachen über mich, nehmen es nicht ernst, setzen es nicht um.
Ich bin nicht gut genug, deshalb werde ich nicht anerkannt.
Ich denke immer: Bloß nicht anecken.

Was passiert da? Solche Sätze ziehen Energie ab. Menschen, die so reden, sind Energiesauger, sie füttern das Minus. Als Zuhörer versucht man häufig, dem etwas entgegenzusetzen, man möchte den anderen ins Plus schieben. Hier ist die Quelle für Ratschläge. Leider funktioniert es nicht, weil der Energiesauger die Ratschläge nicht annehmen kann – er kommuniziert seinen Mangel und nicht die Lösung, die er braucht. Goethe drückte es poetisch aus: »Was wir in uns nähren, das wächst; das ist ein ewiges Naturgesetz.«

Die vorangestellten Sätze wirken auch auf uns, wenn wir sie nur lesen. Es sind nur Wörter auf diesem Papier. Was da wirkt, ist unser inneres Lexikon. Das packt solche Sätze gleich in die Minusabteilung. Wodurch das Minus ausgelöst wird? Es ist ein spezielles Wort, das sich in jedem Satz wiederholt. Nur dieses kleine Wort macht das ungute Gefühl. Es ist das Wort »nicht«, das den ganzen Satz zu einer Minusaussage macht.

Noch schlimmer: Der Körper hört zu, wenn wir denken – auch Lesen ist eine Form von Denken. Für den Körper geht es immer um

Handeln oder Erleben. Bei diesen Sätzen gibt es nichts zu handeln und nichts zu erleben. Darauf reagiert er verwirrt: Wenn über etwas nachgedacht wird, wo es (noch) nichts zu handeln gibt, dann kann es nur um eine Bedrohung gehen – und der Körper aktiviert sofort seine Abwehrhaltung. Das emotionale Konto geht ins Minus.

DIE SPRACHE ALS ENERGIESPENDER

Testen Sie jetzt noch einmal, ob sich die folgenden Sätze auf Ihre Stimmung auswirken. Hier geht es um Aussagen, die ein Erleben oder ein Handeln beschreiben. So hören sich Sätze ohne Bedrohungspotenzial an. Es sind Sätze, die das Pluskonto ansprechen.

Über das zufällige Treffen neulich auf der Straße habe ich mich noch den ganzen Tag gefreut. Heute hatte ich grüne Welle, fand gleich einen Parkplatz, guter Start in den Tag.

Wenn mich die Lust packt, stehe ich früh auf und klettere im Morgengrauen auf einen Hochsitz.

Ich finde, dass ich richtiges Glück mit mir selbst habe.

Die Geburt meines Sohnes war einer der größten Momente in meinem Leben.

Obwohl ich mir überlegen muss, wofür ich Geld ausgebe, genieße ich meinen Luxus: meine Wohnung, eine Garage, eine Spülmaschine.

Ich habe mir viel erarbeitet und auch viel geschenkt bekommen.

Ich bin glücklich, wenn mich mein Pferd anpustet.

Es ist so schön, wenn ich aufwache und die Sonne scheint durch unsere Schlafzimmergardinen.

Das Schöne am Alter ist, dass man oben angekommen ist, alle Sorgen und alle Probleme hinter sich gelassen hat und nur noch zu genießen braucht.

Wirkliche Zufriedenheit erlebe ich bei meiner Arbeit.

Ich freue mich auf das Projekt und glaube, dass ich erreiche, worauf ich mich da einlasse.

Jeden Morgen macht meine Liebste mir einen Milchkaffee. Mit ganz viel Schaum und Zimt.

Wenn ich Sport mache, fühle ich mich entspannt, gelassen, strahlend. Aufrechter Gang, gutes Körpergefühl, elastische Bewegungen – irgendwie sportlich, oder?

Manchmal leihe ich mir von Freunden den Hund aus, gehe in den Park, schmeiße Stöckchen und freue mich einfach.

Wenn es mir gut geht, werde ich oft von wildfremden Menschen angelächelt.

Sie merken sicher den Unterschied. Wer im Minus ist, spricht Minussprache. Fangen Sie bei sich selbst an. Ertappen Sie sich bei Minusaussagen und bemühen Sie sich, solche Sätze zu vermeiden. Die schwächen Sie selbst und die anderen. Wenn Sie sich bei solchen Gedanken erwischen, können Sie sicher sein, dass das, was Sie gerade sagen, nichts, gar nichts mit den anderen zu tun hat. Sie drücken nur aus, wo Sie sich gerade emotional aufhalten: im Minus.

Sie wissen jetzt: Wenn Sie länger im Minus sind, geht es Ihnen eher nicht so gut. Sie haben dann ein unerfülltes Bedürfnis. Finden Sie heraus, was Sie dann brauchen, und sorgen Sie gut für sich.

ÜBUNG: LERNEN SIE DIE »PLUSSPRACHE«

Negative Aussagen lassen einen Mangel erkennen. Überlegt man jetzt, welches wirkliche Bedürfnis sich in der Minusaussage versteckt, kann man das Ergebnis formulieren, worum es wirklich geht. Sie haben oben die vielen Sätze mit dem Wörtchen »nicht« gelesen.
Hier ein paar Beispiele, die ins Plus führen können, ich nenne es Plussprache:

MINUS	PLUS
Ich schaffe es nicht.	Es ist schaffbar und machbar. Ich plane, was ich schaffen kann, und ich schaffe, was ich geplant habe.
Ich traf immer nur Menschen, mit denen ich nicht glücklich war.	Ich unterscheide jetzt, was für mich gut ist und was nicht. Ich finde jetzt Menschen, die zu mir passen.
Ich möchte die anderen nicht enttäuschen.	Andere sind selbst verantwortlich dafür, wie es ihnen geht.

Ich habe Angst, nicht dazuzugehören.	Ich bestimme jetzt selbst, ob ich dazugehöre oder nicht.
Bei mir klappt es nicht.	Ich weiß, dass ich es lernen kann.
Für mich ist das nichts.	Ich nehme meine Wünsche, Bedürfnisse ernst und sorge für ihre Verwirklichung.
So etwas möchte ich nicht noch einmal erleben!	Meine Erfahrung macht mich stark und schützt mich jetzt.
Ich habe das nicht gelernt.	Wenn ich will, kann ich es lernen.
Er tut einfach nicht, was ich ihm sage.	Ich bemühe mich, ihn zu verstehen. Ich rede jetzt in einem anderen Ton mit ihm.
Ich bin nicht gut genug vorbereitet.	Das kann passieren, ich mache das Beste daraus. Ich mache es in Zukunft besser.
Ich kann es nicht so wie die, die es täglich machen.	Das, was ich bin, reicht aus. Ich höre auf, mich ständig mit anderen zu vergleichen.
Ich habe Angst, nicht zu wissen, wie es ausgeht.	Ich stelle mich der Herausforderung. Ich bin einfach mal neugierig.
Die schlimmste Vorstellung: Alle lachen über mich, nehmen es nicht ernst, setzen es nicht um.	Ich nehme mich ernst. Meine Sicherheit wird immer größer. Ich bin auf dem richtigen Weg.
Ich bin nicht gut genug, deshalb werde ich nicht anerkannt.	Ich erlebe immer mehr Erfolg. Ich werde immer stärker.
Ich kann es nicht, bei mir klappt es nicht.	Ich beginne das anzupacken, was mir wichtig ist. Ich sorge gut für mich.
Ich denke immer: Bloß nicht anecken.	Ich bin nicht auf der Welt, um so zu sein, wie andere mich haben wollen. Es entwickelt sich alles zum Guten.

Weglassen ist ein wichtiger Teil der »Plussprache«. Mit »Plussprache« drücken Sie das aus, was Sie wollen. »Minussprache« drückt aus, was Sie nicht wollen. Die »Minussprache« beherrschen wir besser. Jeder weiß besser auszudrücken, was er nicht will. Auch Zeitungen und das Fernsehen leben von dem, was wir nicht wollen. Das lässt sich wort- und bilderreich ausdrücken.

Allein durch Sprachdisziplin lässt sich die innere Befindlichkeit ändern. Ihr Innerstes wird nicht unnötig durch verwirrende Gedanken beunruhigt, sondern erkennt eine Möglichkeit zum Handeln.

MINUS	PLUS
Dies sind Wörter mit Minuspotenzial: NICHT, KEINE, NIE, IMMER, NUR, WIEDER, SCHON WIEDER, ABER, JA ABER, HOFFENTLICH	*Diese Wörter möglichst weglassen!*
Es gibt Satzteile, die sofort ins Minus führen. Beim Lesen können wir hören, welchen Ton die Sätze erzeugen: Nun hast du ja schon wieder … Kannst du nicht endlich mal … Wer hat denn schon wieder … Wenn du nicht gleich …, dann … Du bist aber auch immer gleich … Wenn ich das schon sehe … Können Sie denn nicht ein einziges Mal wenigstens … Wie oft soll ich Ihnen denn noch sagen, dass … Ja, aber glauben Sie denn wirklich … Was hätte da nicht alles … Hätte ich doch nur …	*Solche Sätze einfach meiden! Man kann Sie ersatzlos weglassen.*

WIE FALSCHE FRAGEN »FALSCHE WAHRHEITEN« ERZEUGEN

Welches Auto fahren Sie? Wie alt sind Sie? Wie viel sind drei mal drei? Essen Sie gerne Eis?

Wir haben so etwas wie einen Antwortreflex. Stellt jemand eine Frage – sofort folgt eine Antwort, wie aus der Pistole geschossen. Wenn wir mit einer Sache nicht weiterkommen, stellen wir Fragen an uns selbst. Und diese Fragen werden beantwortet. Es gibt einen Zusammenhang zwischen Fragen und Antworten.

Negative Fragen erzeugen negative Gedanken und beeinflussen uns negativ. Wir erzeugen damit negatives Ergebnis, das nennt man Nocebo-Effekt. Im Gegensatz dazu können positive Erwartungen Erfolge erzeugen. Das ist mit selbsterfüllenden Prophezeiungen gemeint. Wenn man schreckliche Fragen stellt, erhält man schreckliche Antworten. Merkwürdig: Wir stellen uns sehr oft schreckliche Fragen.

Dazu folgende Beispiele: »Warum misslingt mir das?« – »Warum immer ich?« – »Was passiert, wenn das Geschäft daneben geht?« – »Warum reicht mein Geld nie?« – »Warum wurde ich verlassen, betrogen etc.?« – »Was habe ich falsch gemacht?«

Unser Gehirn sucht jetzt automatisch die passendste Antwort, nicht etwa die richtige – die passendste. Es wird uns auf jede, auch die blödeste Frage, unweigerlich eine Antwort geben – auch wenn sie auf reiner Erfindung beruht. Das Tückische: Solche Fragen stellen eine Behauptung auf und wir nehmen diese wieder als wahr. Fragen können also eine Denkfalle sein, weil sie eine »falsche Wahrheit« behaupten. Und so entsteht die »falsche Wahrheit«:

MINUS	PLUS
Die Frage ... enthält eine Behauptung ... und mögliche Antworten:	
Warum misslingt mir das? Behauptung: Es misslingt mir. Mögliche Antworten: Weil ich zu unkonzentriert bin. Weil ich es sowieso nicht kann.	

Warum immer ich? Behauptung: Immer ich. Mögliche Antworten: Es sind sowieso alle gegen mich, ich bin eben ein Pechvogel.	
Was passiert, wenn das Geschäft daneben geht? Behauptung: Das Geschäft geht daneben. Mögliche Antworten: Dann bin ich meinen Job los. Dann bin ich pleite.	
Warum reicht mein Geld nie? Behauptung: Mein Geld reicht nie. Mögliche Antworten: Ich konnte noch nie rechnen. Die anderen haben mehr als ich.	
Warum wurde ich verlassen, betrogen? Behauptung: Es liegt an mir, dass ich verlassen, betrogen wurde. Mögliche Antworten: Ich hätte damals sicher anders reagieren sollen. Hätte ich doch bloß dieses oder jenes getan oder nicht getan (irgendwas bietet unser Hirn uns da schon an).	
Was habe ich falsch gemacht? Behauptung: Ich habe etwas falsch gemacht. Mögliche Antworten: Ich habe nicht rechtzeitig Bescheid gesagt. war nicht gründlich genug.	

Leichtfertig stellen wir Behauptungen auf und entwickeln negative Vorstellungen, ohne uns bewusst zu werden, dass sie sich dadurch verwirklichen.

ANDERE FRAGEN – ANDERE WAHRHEITEN!

Erstaunlich, dass wir selten auf die Idee kommen, positiv zu fragen bzw. uns mit dem zu beschäftigen, was wir wirklich wollen. Fragen wir anders, spuckt unser Hirn automatisch andere Antworten aus.

Dazu folgende positive Beispiele:
Weshalb kann es mir gelingen?
Was passiert, wenn das Geschäft erfolgreich ist?
Was muss ich tun, um zum Ziel zu kommen?
Wie schaffe ich mir Freunde?
Wie mache ich das Beste aus dieser Situation?
Wie muss der Plan aussehen, der meine finanziellen Ziele erreichbar macht?

Auch diese Fragen stellen Behauptungen auf, aber sie führen zu ganz anderen Ergebnissen:

MINUS	PLUS
	Diese Frage ... ... enthält eine Behauptung ... und mögliche Antworten:
	Weshalb kann es mir gelingen? Behauptung: Es kann mir gelingen. Mögliche Antworten: Weil ich es will. Weil ich kompetent bin. Weil ich es kann.
	Was passiert, wenn das Geschäft erfolgreich ist? Behauptung: Das Geschäft kann erfolgreich werden.

	Mögliche Antworten: Dann machen wir einen wirklich guten Gewinn. Dann können wir investieren.
	Was muss ich tun, um zum Ziel zu kommen? Behauptung: Ich komme zum Ziel. Mögliche Antworten: Ich bleibe dran. Ich lasse mich nicht unterkriegen.
	Wie schaffe ich mir Freunde? Behauptung: Es gibt Menschen, die Freunde von mir werden können. Mögliche Antworten: Ich schaue mich im Bekanntenkreis um, wer dafür in Frage kommt. Ich kümmere mich mehr um andere. Ich knüpfe Kontakte.
	Wie mache ich das Beste aus dieser Situation? Behauptung: Ich kann das Beste daraus machen. Mögliche Antworten: Ich verlasse mich auf meine Intuition. Ich entschuldige mich. Ich verhandele noch einmal neu.
	Wie muss der Plan aussehen, der meine finanziellen Ziele erreichbar macht? Behauptung: Ich kann es planen. Mögliche Antworten: Ich schaue, wo ich Ausgaben reduzieren kann. Ich spare jetzt regelmäßig eine bestimmte Summe. Ich sorge für eine Gehaltserhöhung.

Solche Fragen führen dazu, dass wir ganz andere Antworten aus unserem »Denkcomputer« bekommen. Da es konstruktive Fragen sind, bekommen wir konstruktive Antworten und Lösungen.

INNERE DIALOGE – WER SPRICHT DENN DA?

Spätestens, wenn wir gelernt haben, unsere Erfahrungen zu durchdenken, sind wir fähig, sie zu kommentieren. Wir sprechen mit uns selbst in inneren Dialogen. Je nach Grundhaltung werden unsere inneren Dialoge uns unterschiedliche Erklärungen liefern. Natürlicherweise beschäftigen wir uns länger mit Situationen, in denen wir noch nicht das gewünschte Ergebnis erreicht haben. Das leuchtet sofort ein, wenn wir uns vorstellen, wie es geht, wenn wir uns einen neuen Computer oder einen Pullover kaufen wollen. Wir beschließen die Neuanschaffung bereits lange, bevor wir in einem Geschäft sind.

Vielleicht ist der alte Computer nun zum wiederholten Mal abgestürzt oder wir haben einen interessanten Artikel gelesen, was es jetzt gerade Neues gibt. Wir sind vielleicht eingeladen und kein Pullover passt zu der Hose, die wir unbedingt anziehen wollen. Nun ist es Wochenende und wir haben Zeit und Lust, unsere Besorgungen zu erledigen. Oft werden damit noch andere Erledigungen verknüpft: das Auto tanken, Getränke besorgen, Lebensmittel, Glühlampen, Staubsaugerbeutel. Wenn wir getankt haben, werden wir diese Aufgabe sofort vergessen. Es gibt keinen Grund, sie weiter in unserem Gedächtnisspeicher zu bewahren. Alles andere bleibt aktuell in unserem Gehirn, der Speicher meldet: unerledigt. So haken wir unsere To-Do-Liste Stück für Stück ab, nachdem etwas erledigt wurde. Darüber machen wir uns keine großartigen Gedanken mehr.

Wie ist es aber, wenn wir tanken und wir müssen in einer längeren Schlange warten, weil andere auch eine To-Do-Liste am Wochenende haben? Sie wollen gerade an die frei gewordene Tanksäule fahren und es kommt einer zügig von der Seite und drängelt sich vor, ohne nur eine Sekunde gewartet zu haben. Sie hupen noch hilflos und der zeigt Ihnen einen Vogel. Sie sagen zu sich selbst »Komm, bloß keinen Streit. Sei souverän.«

Diese Situation wird keineswegs als erledigt abgespeichert. Da ist eine innere Stimme, die offensichtlich auch auf die Qualität von Situationen achtet. Und wenn die meint, diese Situation sei zu Ihrem

Nachteil ausgegangen, dann hält sie die Situation penetrant aktuell. Und Sie können sich kaum dagegen wehren. Immer wieder kommt Ihnen die Situation in den Sinn. Wie der andere »einfach meinen Platz weggenommen« hat und dann noch diese Frechheit, den Vogel zu zeigen, diese Beleidigung.

Dann sind Sie in diesem Computerladen. Da wartet natürlich kein Verkäufer auf Sie, um Ihnen einen Computer zu verkaufen. Es warten wieder mehrere andere, die von diesem einzigen Verkäufer bedient werden wollen. Sie sind auf der Hut, damit Ihnen nicht wieder ein anderer den Platz wegschnappt. Endlich sind Sie dran. Und während Ihnen gerade Ihre Frage beantwortet wird, kommt jemand dazwischen und sagt: »Können Sie mir mal eben schnell eine kabellose Maus geben?« Der Verkäufer verschwindet reflexartig: »Komme gleich wieder …« Jetzt kommt von innen ernsthaft eine Stimme, die Ihnen je nach Temperament folgende Handlungsalternativen empfiehlt: Entweder Rückzug: »Lass uns gehen, soll der Laden doch sehen, wie er zurechtkommt« (»Wir bestrafen die jetzt und kaufen nichts!«) – eine gern gewählte Lösung, blöd daran ist nur, dass spätestens, wenn wir zu Hause sitzen, dieselbe innere Stimme uns daran erinnert, dass wir einen neuen Computer kaufen wollten. Die andere Variante heißt Protest. Sofort, während der Verkäufer sich gerade abwenden will, reagieren: »Nein, jetzt bin ich erst mal dran, ich habe auch eine halbe Stunde gewartet!« Da kann sich später noch die innere Stimme melden: »War das nicht ein bisschen zu heftig?« – »Musstest du den Verkäufer so anbrüllen?« – »Ist doch nicht so schlimm, wenn der mal schnell eine Maus rausgibt.«

Wenn wir uns jetzt noch vorstellen, welche inneren Dialoge beim Verkäufer ablaufen oder bei allen anderen, denen wir gerade begegnen, dann können wir nur froh sein, dass das schweigend geschieht. Manchmal kann man an den Gesichtern der Menschen ablesen, was sie gerade beschäftigt. Uns selbst passiert es gelegentlich, dass wir uns mal anschauen können, wenn wir gerade unsere inneren Dialoge abspulen. Haben Sie sich schon einmal zufällig in einem Spiegel im Kaufhaus erwischt und gedacht: »Mein Gott, das soll ich sein?« Die Mimik ist so fremd, so würden wir uns selbst nie anschauen.

Unserer innerer Aufpasser ist nicht so leicht zufrieden zu stellen. Leichter ist es, einen Pullover zu kaufen und sich darüber zu freuen. Wenn er dann zu der Hose passt. Und wenn nicht? Schon geht es innen wieder los.

GRUNDREGEL DER INNEREN DIALOGE

Eine Regel, die wir aus den inneren Dialogen ableiten können, lautet: Es geht immer um Situationen, in denen wir den Kürzeren gezogen haben. Wir sind nicht wirklich zufrieden gestellt worden. Unser inneres System will nun, dass wir den inneren Sieg herstellen. Wie soll das gehen? Die Situationen sind ja meistens vorbei (wir waren vor zwei Stunden an der Tankstelle, der andere ist längst weg). Was uns zusätzlich manchmal ärgert, ist, dass uns »solche Kleinigkeiten« so lange im Gedächtnis bleiben. Dafür gibt es natürlich einen weiteren inneren Dialog: »Warum rege ich mich immer noch über etwas auf, das längst gelaufen ist?«

Manchmal ziehen wir seltsame Konsequenzen: Ist unsere Grundhaltung eher negativ oder pessimistisch, werden wir neue Situationen eher negativ kommentieren. Dazu gehören Äußerungen wie: »Immer, wenn ich mal jemanden brauche, ist keiner da.« – »Die wollen nur unser Geld.« – »War ja klar, dass ich kein Glück habe.«

Ist unsere Grundhaltung eher optimistisch oder positiv, hören wir andere innere Kommentare: »Wozu habe ich schließlich meine Freunde, sie werden mir helfen. Wen frage ich denn mal als Erstes?« – »Das ist mir zu teuer, da gucke ich noch mal woanders.« Oder: »Das ist zwar teuer, aber es ist wohl seinen Preis wert. Warum soll ich noch lange herumsuchen, wenn ich es jetzt haben kann?« – »Irgendwo wird sich das Glück schon zeigen.«

Wenn wir eine Situation erfolgreich gemeistert haben, gibt es diese inneren Dialoge nicht. Da läuft etwas ganz anderes in uns ab. Wir erleben dann das Erfolgserlebnis noch einmal nach. Wir fühlen eine positive Emotion, die wir mit unserem Erfolg verbunden ist. Da muss nicht lange diskutiert werden, da wird kurz kommentiert und gefühlt: »Wie ich den Golfball abgeschlagen habe!« »Wie ich dem den Platz weggeschnappt habe!« (Könnte vielleicht der von der Tankstelle denken.) »Wie sich der Verkäufer plötzlich um mich bemüht hat!«

»DA ENTLANG!«, MEINT DER INNERE DIALOG

Die inneren Dialoge halten Situationen aufrecht, in denen wir emotional nicht befriedigt wurden.

Wenn wir das ernst nehmen, werden wir erkennen, dass hier eine

Spur zu unseren Bedürfnissen, Gefühlen und Sehnsüchten führt. Jeder innere Dialog trägt die Botschaft: »Hier bist du nicht zu deinem Recht gekommen.« Wenn Sie eine Zeit lang genauer darauf achten, können Sie feststellen, wie oft Sie Ihre eigenen Bedürfnisse zurückstellen, wie oft andere zu ihrem Recht kommen, wie oft Sie faule Kompromisse machen, sich rechtfertigen, wenn Sie Ihre eigenen Bedürfnisse durchsetzen wollen, oder auch, wie oft Sie Schuldgefühle bekommen, wenn Sie an sich selbst denken. Das alles können Sie wunderbar genau in solchen Alltagssituationen üben. Gerade die sind es nämlich, die uns auf Dauer schwächen oder stärken.

Es geht – wie immer – nicht um Patentrezepte, was Sie in der jeweiligen Situation tun sollten. Sie können für sich herausfinden, worum es wirklich geht und was Ihnen Ihre innere Stimme sagen will. Worum geht es also an der Tankstelle oder im Kaufhaus? Andere halten die Regeln nicht ein und ich bin so anständig und stehe plötzlich wie ein Depp da. Das ist eine Negativerfahrung, die sich durch unser aller Leben zieht. »Nimm mal Rücksicht« – »Stell dich nicht so an« – »Nimm dich nicht so wichtig«, sind wahrscheinlich Botschaften, die uns geprägt haben. Ganz früh wird eine zarte innere Stimme geantwortet haben: »Warum denn immer ich?«.

Warum immer Sie? Vielleicht sind Sie besonders brav? Gehorsam? Vielleicht haben Sie gelernt, dass die Bedürfnisse der anderen immer wichtiger sind als Ihre eigenen? Und dann reagieren Sie reflexartig gegen die eigenen Bedürfnisse. Ihr Innerstes ist hartnäckig anderer Meinung und erinnert Sie bei jeder noch so kleinen Gelegenheit daran.

Nehmen Sie das ernst! Offensichtlich sitzt da jemand in uns, der wirklich präzise darauf achtet, ob eine Situation okay für unseren Gefühlshaushalt ist oder nicht. Bei anderen können Sie gut beobachten, was dabei herauskommt, wenn sie das nicht beachten:

Der Choleriker: Er schreit unkontrolliert seine aufgestaute Wut heraus – fast immer an der falschen Stelle.

Die beleidigte Leberwurst: Sie zieht sich zurück in langes, strafendes Schweigen.

Der Zyniker: Er macht andere herunter, um seine eigene Größe herauszustellen.

Der Depressive: Er hat beschlossen, die Welt dafür verantwortlich zu machen, dass er nicht bekommt, was er braucht.

All diese »Launen« sind unbefriedigend. Für die Betroffenen und für alle, die mit den Betroffenen zu tun haben.

Wie könnte es anders gehen? Wut hilft nicht unbedingt. Manche Lösungen fallen uns erst hinterher ein. So können Sie beginnen: Je öfter Sie darüber nachdenken, was für Sie wirklich wichtig ist, desto öfter fallen Ihnen die richtigen Lösungen ein – manchmal erst am nächsten Tag. Das geht im Lauf der Zeit immer schneller, fünf Stunden später, zehn Minuten später, die Lösung kommt also auf der Zeitschiene dem Ereignis immer näher, bis wir sie eins zu eins anwenden können. Das nennt man Spontaneität.

Ein typisches Beispiel: Das Warten in der Schlange. Sie stehen im Supermarkt an der Kasse mit Ihren Wochenendeinkäufen, vielleicht an fünfter Stelle. Da kommt jemand hastig und nett auf Sie zu: »Können Sie mich kurz vorlassen, ich habe nur diese drei Teile?« Tappen Sie in die Falle? Klar, Sie haben mindesten 37 Dinge eingekauft, die Fragende hat nur drei. Intuitiv weiß diese Person, man muss Sie nur beim Verstand packen und schon klappt es. Ihre innere Stimme scharrt mit den Hufen, grollt – Sie hören sich sagen: »Klar, kein Problem.« Haben Sie denn wirklich mehr Zeit, nur weil Sie mehr eingekauft haben? Eigentlich ist es umgekehrt. Können Sie sich vorstellen, nächstes Mal zu der Frau zu sagen: »Nein, das passt mir gar nicht.« Und sie dabei freundlich anzuschauen, denn es gibt keinen Grund sich zu ärgern. Sie können auch sagen: »Oh, tut mir leid, ich habe viel mehr als Sie eingekauft. Ich habe leider viel weniger Zeit als Sie. Bitte stellen Sie sich hinten an.« – »Wenn jetzt aber …«, sagt die innere Stimme, die immer weiterdenkt: »… die Frau nach vorn geht und die Person vor Ihnen fragt?« So läuft es, wie wir oft beobachtet haben. Dann sagen Sie: »Sie haben doch verstanden, ich bin dagegen. Bitte stellen Sie sich hinten an.« Wenn Sie so auftreten könnten! Beim ersten Mal kommt neben einem inneren Triumph vielleicht noch eine Prise Schuldgefühl. Das verlernen Sie auch noch.

Manchmal sind wir enttäuscht, dass wir die Lösung kennen, aber die dazu passende Situation nie wieder auftritt. Das hat einen Grund: Die Menschen, die uns etwas wegnehmen, wissen ganz genau (d. h. die fühlen das intuitiv), bei wem sie Erfolg haben. An dem gelegentlichen Verdacht, dass »nur mir so etwas passiert«, ist etwas dran. Wenn Sie bereit sind, besser für sich zu sorgen, haben Sie ein anderes Auftreten, eine andere Ausstrahlung, einen anderen Blick. Das führt dazu, dass man Sie mehr respektiert, würdigt, achtet, berücksichtigt, sieht oder wahrnimmt (suchen Sie sich die passende Vokabel aus). Und das ist das Ziel. Wir sind wieder ein Stück mehr bei uns angekommen.

DER INNERE KRITIKER

Die anderen erklären uns die Welt und stellen darüber Behauptungen und Wahrheiten auf – ihre Wahrheiten. Lange bevor wir die Sprache verstehen, hören wir sie bereits. Wir nehmen Worte zunächst wie leere Hülsen auf, die wir erst später durch Erfahrung mit Inhalt auffüllen. Erst dann haben wir ein eigenes Verständnis von der Welt. Jedes Wort, jeder Satz hat dann eine Bedeutung, die nicht unbedingt identisch ist mit dem, was andere darunter verstehen. Einen Teil der Sprache nehmen wir ungeprüft an, ohne ihn mit eigenem Inhalt zu belegen. Es gibt Aussagen, die lassen wir so stehen, wie sie in uns eingepflanzt wurden. Das kann man bei kleinen Kindern beobachten. Es gibt eine Phase, in der Kinder über sich selbst in der dritten Person sprechen. Da sagt der kleine Max: »Max ist jetzt ganz böse.« Die kleine Marie: »Marie war gar nicht artig. Marie hat kaputtgemacht.« Das kann nur ein Nachsprechen von Sätzen sein, die die Kinder über sich selbst gehört haben. Bevor sie verstehen, was damit gemeint ist, können sie es bereits aussprechen. So ähnlich lernen wir Fremdsprachen. Erst wiederholen wir die fremden Wörter, lernen ganze Sätze, bis wir selbst formulieren können und dadurch immer besser verstehen. Die Muttersprache als »Fremdsprache« lernen wir in Hinblick auf kritische Äußerungen. Immer, wenn Negatives über uns gesagt wird, speichern wir das in unserem Gedächtnis. Später spricht dieses Gedankengut zu uns als der innere Kritiker.

Der innere Kritiker kommt mit unterschiedlichen Ausdrucksweisen daher. Mal sagt er du, mal sagt er ich, mal sagt er die. Er sagt nie Sie zu uns, was beweist, dass er aus einer Zeit kommt, als wir noch klein waren. Der innere Kritiker hat immer »Killerphrasen« parat, die oft als Du-Botschaften daherkommen. Das beweist, dass wir uns die nicht selbst ausgedacht haben, denn wir reden nicht in der zweiten Person mit du über uns selbst. Sie kommen aus einer Zeit, als andere (die Erwachsenen) so mit uns sprachen.

Hören Sie, ob Ihnen einige diese Botschaften bekannt vorkommen:

MINUS	PLUS
Das schaffst du nicht!	
Das ist wahrscheinlich gar nicht so wichtig!	
Das gehört sich nicht.	
Das Gute kriegst du sowieso nicht.	
Wenn du das nicht gut genug machst, blamierst du dich.	
Du wirst schon sehen!	
Dafür bist du nicht gut genug.	
Siehste, habe ich doch gleich gesagt!	
Du bist zu blöd.	
Du bist zu lahm.	
Du bist nicht kreativ genug.	

Wer spricht denn da? Manchmal weiß man genau: Das hat mein Vater immer gesagt, meine Mutter, ein Lehrer. Manchmal erinnert man sich nur diffus an eine Person (eher groß als klein, eher weiblich als männlich, eher dunkel als hell). Eine andere Eigenschaft des inneren Kritikers ist das Auslösen unserer Schuldgefühle. Diese kommen eher als Ich-Botschaften daher. Sie antworten auf die Frage »Wer hat Schuld?« mit: ich. Bei Schuldgefühlen ist anzunehmen, dass früher Probleme nach dem Schuldprinzip geklärt wurden. Einer musste Schuld haben, wenn Geschirr zerbrochen, die Schere nicht zu finden oder die Milch angebrannt war, wenn man zu spät zur Einladung kam, wenn die Stimmung schlecht war, wenn, wenn, wenn …

Hören Sie sich an, was der innere Kritiker dann sagt:

MINUS	PLUS
Hätte ich das doch bloß nicht gesagt, getan, gedacht … Hätte ich doch nur …, dann … Nur weil ich … gemacht, gesagt, gedacht habe, ist es so gekommen! Ich habe immer die Schuld! Ich hätte es wissen müssen! Ich hätte es kommen sehen müssen! Wäre ich anders, wäre das nicht passiert.	

Eine weitere Eigenschaft des inneren Kritikers ist das Formulieren einer inneren negativen Einstellung wie Frustration, Feindseligkeit, Angst, Misstrauen, Aggressivität oder Neid: Die anderen haben Schuld. Die anderen sind gegen mich. Haben mir etwas weggenommen, waren schneller, früher da, wussten vorher Bescheid … Das sind Die-Botschaften, häufig mit einem ganz langen diiiieeeee gesprochen:

MINUS	PLUS
Die tun sowieso so, als ob die was Besseres wären … *Der/die* ist zu stark! *Der/die* unterdrückt mich. *Die* sind sowieso ganz rücksichtslos … Ich bin *die/der* Einzige, die/der sich um die anderen kümmert. Ich passe nicht zu *denen*! *Die* wollen mich nicht haben …	

Der/die nimmt mir den Raum zum Atmen! *Der/die* gibt mir sowieso keine Chance … Was werden bloß *die anderen* sagen oder denken …	

Dies ist die Quelle von Vorurteilen. Wir lassen uns die Vorurteile unserer Ursprungsfamilie einpflanzen, später können wir sie selbst noch ergänzen und erweitern.

Es sind immer diiiieeeee … dann kommt der zweite Baustein … und schon ist die Wahrheit fertig:

Die Kunden …	… machen sowieso, was sie wollen!
Die Patienten …	… wissen nie …
Die Politiker …	… machen immer …
Die Eltern …	… denken sowieso immer nur …
Die Mitarbeiter …	… können nicht mal …
Die Lehrer …	… wollen nur …
Die da oben …	… können nichts, *aber* …
Die Ärzte …	… haben sowieso keine …
Die Unternehmer …	… sind ja sowas von …

Wer so spricht, denkt feindselig. Nicht die gemeinte Gruppe ist das Problem, sondern die eigene – verkürzte – Vorstellung, die man von den anderen hat. Die anderen haben keine Chance: Wehren sie sich gegen das Vorurteil, bestätigen sie es. Bestätigen sie das Vorurteil nicht, sind sie die einzige Ausnahme: »Sie sind gar nicht gemeint. Sie sind ganz anders. Sie sind eine Ausnahme ….«! An dem kleinen Wort »die« können Sie erkennen, welches Menschenbild andere haben. Wenn jemand so von seinen Kunden spricht und er sagt »die Kunden«, können Sie ziemlich sicher sein, dass er ein negatives Kundenbild hat. Es ist erwiesen, dass ein Großteil der Ärzte eine feindselige Einstellung zu den Patienten hat (diiiieeeee Patienten), dass ein Großteil der Lehrer eine feindselige Einstellung zu den Schülern hat (diiiieeeee Schüler), dass ein Großteil der Eltern eine feindselige Einstellung zu den Lehrern hat (diiiieeeee Lehrer). Meist spiegelt die pauschale Betrachtung einer Gruppe eine negative Meinung und zeigt, dass jemand in Mengen denkt: Mengen sind namenlos.

Wenn jemand ein positives Menschenbild hat, denkt er in Einzelpersonen oder in Beziehungen (meine Patienten, der Patient, der Kunde, meine Kunden, die Lehrerin meiner Tochter, mein Schüler). Dann haben die Menschen einen Namen.

Wir glauben, die Stimme des inneren Kritikers ist die des Verstandes. Das kann nicht sein, denn das, was aus dem Verstand kommt, sollte uns voranbringen und stärken. Der innere Kritiker bringt uns nie voran – er hält uns klein. Er ist wahrscheinlich die Personifizierung all der Unzufriedenheiten, die in unserem Leben auf uns eingewirkt haben. Wir brauchen den Kritiker nicht!

Der innere Kritiker ist der große Verhinderer. Er verhindert jegliche Initiative. Er verhindert spontanes Handeln. Er ist nie zufrieden. Er hat etwas gegen unsere Lebendigkeit. Wir denken, wir müssen ihn fragen, wenn wir uns selbst verwirklichen wollen. Als ob er uns eine Erlaubnis erteilen könnte. Er erteilt gar nichts. Er verurteilt nur. Er ist ein Verurteilungsautomat. Was immer wir tun, es ist nicht gut genug. Stellen Sie Ihrem inneren Kritiker doch eine vernünftige Frage und hören Sie, was er dazu sagt.

Sie können noch so gut sein, die Olympischen Spiele gewinnen, eine besonders erfolgreiche Arbeit geschafft haben, es ist ihm nie gut genug. Er sagt immer NEIN, er ist immer ablehnend, er ist immer unzufrieden.

Wenn wir nun versuchen, aus diesem Kreislauf herauszukommen, z. B. indem wir uns klar machen, dass es einen Grund gibt, stolz auf uns zu sein, und dass es schön ist, stolze Menschen zu erleben, dann sagt der innere Kritiker: »Igitt, willst du etwa so eine eingebildete Gans werden wie dieses Mädchen damals in der Schule?« Oder er bremst uns mit folgendem Satz aus: »Willst du etwa so ein Aufschneider sein wie dieser Fußballspieler, dieser Kotzbrocken?« Dann sagen wir natürlich ganz schnell »Nein, nein, um Gotteswillen, so will ich niemals werden ...« Und wir unterwerfen uns wieder dem inneren Kritiker, fressen ihm aus der Hand: »Jawohl, du hast Recht. Ich weiß, ich bin nicht so gut. Ich mache nie wieder so einen Ausbruchsversuch. Ich werde weiterhin ganz brav sein.« Der innere Kritiker hält uns klein. Was immer wir machen, er ist dagegen.

DAS GESUNDE, STARKE SELBST

Wir glauben, wenn wir uns noch mehr anstrengen, wird irgendwann der innere Kritiker – wer immer – endlich mal sagen, dass wir richtig sind. Das wird nie geschehen. Das System des Kritikers ist nicht auf Zufriedenheit angelegt, sondern auf Unzufriedenheit. Diese Position wird der Kritiker niemals verlassen. Täte er das, gäbe es ihn gar nicht. Wenn wir das einmal begriffen haben, können wir selbst beschließen, dem Kritiker nicht mehr zuzuhören. Wir hören fortan nur auf die, die es gut mit uns meinen, die besser mit uns umgehen. Manchmal müssen wir sie erfinden – was nicht so schwierig sein dürfte, denn den inneren Kritiker haben wir auch selbst erfunden.

Wir können uns zum Beispiel einen inneren Freund erfinden oder einen inneren Ratgeber, eine innere weise Frau, einen Unterstützer, einen Spaßmacher oder jemanden, der ganz klug, lieb, zärtlich und weise zu uns ist. Stellen Sie sich vor, dies wären reale Personen, von wem würden Sie sich gern einen Rat holen? Und was passiert dann? Sie werden erkennen, dass in Ihnen etwas ist, das Vertrauen verdient: Ihr gesundes, starkes Ich. Ihr Selbst und alles, was damit verbunden ist. Selbstachtung, Selbstvertrauen, Selbstbewusstsein.

ÜBUNG: EINE REISE NACH INNEN

Hier ist eine Übung, die Sie zu ihrem inneren, starken Ich begleitet. Es ist eine Meditation, mit der Sie erkennen können, dass da etwas in Ihnen ist, das einzigartig ist.

Dazu müssen Sie nichts Besonderes tun, Sie brauchen sich nur einen Moment auf sich selbst zu konzentrieren. Fühlen Sie einfach nur, wie Sie dasitzen oder liegen. Manchmal melden sich einzelne Körperteile, der Nacken meldet vielleicht, dass ihm etwas wehtut oder die Oberschenkel eine Anspannung. Das darf alles sein, damit müssen Sie sich jetzt nicht beschäftigen, es sei denn, Sie können es nebenbei verändern. Einfach die Schultern fallen lassen oder sich bequemer hinsetzen. Das ist es nicht, worum es jetzt geht. Sie müssen sich jetzt nicht bei den Störungen aufhalten.

Sie gehen auf die Suche nach Ihrem inneren, starken Ich. Manchem ist es unbekannt, dass man nach innen schauen kann und dort etwas findet. Seien Sie einfach neugierig und lassen Sie sich überraschen.

Sie sollten Folgendes wissen: Was da drinnen ist, ist so kostbar und wertvoll, dass es unterschiedlich bewaffnete Aufpasser, ja ganze Armeen von Aufpassern gibt, die nicht einfach jeden in dieses »Heiligtum« lassen. Sie können nicht einfach reinschauen, sondern Ihr Innerstes muss sicher sein, dass Sie das mit gutem Willen tun und nicht etwa mit negativen Absichten.

Deswegen klären Sie jetzt zunächst einmal, in welcher Rolle Sie sich gerade befinden. Sind Sie der Skeptiker, der sagt: »Was soll das Ganze? Das ist doch Unsinn!« Oder der Kritiker, der in dem Moment denkt: »Ich weiß, was da drinnen los ist, damit ist gar nichts anzufangen.« Dann wird Ihr Innerstes Sie abwehren.
Vielleicht gefällt Ihnen folgende Vorstellung: Stellen Sie sich vor, Sie sind König oder Königin in Ihrem Leben. Sie bestimmen selbst über Regeln, Gebote und Verbote. Sie machen die Gesetze und Sie haben die alleinige Macht in Ihrem Herrschaftsbereich.
Wenn Sie sich jetzt als König oder Königin auf den Weg zu Ihrem Inneren machen, dann haben Sie märchenhafte Freiheiten. Vielleicht können Sie sich vorstellen, in welchem Gewand Sie Ihr Innerstes besuchen wollen. Es hat Respekt verdient und sollte nicht im Schlafanzug oder nur so nebenbei besucht werden, sondern eher wie bei einem Staatsakt oder der Präsentation der Kronjuwelen. Machen Sie sich – jetzt in Gedanken – fein zurecht. Vielleicht werden Sie von wichtigen Beratern begleitet, vielleicht sind Sie allein. Vielleicht schreiten Sie einher oder Sie sind so heiter, dass Sie fast tanzen. Vielleicht tragen Sie eine Krone. Bereiten Sie sich darauf vor, dass Sie gleich eine angenehme Erfahrung mit sich selbst machen werden.
Sie werden auch die inneren Bewacher erleben, die innere Armee – Ihr Abwehrsystem. Sie können wie ein Herrscher seine Armee betrachten. Sie können Vertrauen dazu haben. Ein Herrscher hat keine Angst, dass ihn die eigene Armee stört. Also schauen Sie einfach, was da drinnen los ist. Da ist vielleicht die Wut, die sofort anspringt. Oder die Angst, die ebenfalls gleich da ist, wenn das leiseste Zeichen von Bedrohung zu erkennen ist. Jetzt merken Sie, dass beide zum selben System gehören. Vertrauen Sie Ihrem Abwehrsystem, es funktioniert. Es war niemals gegen Sie selbst gedacht. Es macht nur das, was es soll: Negatives und Feindliches von Ihnen fern halten, alles Gute an Sie heranlassen.
Gehen Sie weiter zu Ihrem inneren, starken Ich. Wahrscheinlich kennen Sie es, weil Sie sich häufiger stark fühlen; vielleicht sind Sie noch nie dort gewesen, weil Sie sich selbst bei Störungen meist aus dem Auge verloren haben. Nun kommen Sie sich selbst immer näher. Was fühlen Sie jetzt? Wut, Enttäuschung, Aggression, all das sollte jetzt außerhalb von Ihnen sein, sozusagen um Sie herum wie eine schützende Hülle. Vielleicht erscheint jetzt vor Ihrem inneren Auge in Ihrer Fantasie ein Bild oder eine innere Vorstellung von Ihrem gesunden, starken Selbst. Haben Sie ein inneres Bild? Oder ein Gefühl? Falls nicht: Wenn Sie die Übung gelegentlich wiederholen, werden Sie immer vertrauter damit.
Sagen Sie jetzt zu sich selbst:
»(Ihr Name), ich freue mich, dass es mich gibt.«
Wenn Sie mögen, schließen Sie einen Moment die Augen und bleiben Sie eine Weile in Kontakt mit sich selbst.

ALLES VERSUCHT UND DANN AUFGEGEBEN?

»Ich habe bereits alles versucht.« Schätzen Sie, wie viele Versuche Menschen machen, bevor sie aufgeben? Es kann hier um Wünsche gehen oder um die Verwirklichung von Zielen. Wie viele Versuche machen Sie selbst denn im Durchschnitt, bevor Sie aufgeben?

Versuchen Sie jetzt einmal aufzustehen! Haben Sie es versucht? Versuchen Sie es noch stärker. Versuchen Sie einmal ALLES um aufzustehen. Theoretisch müssten Sie jetzt immer noch sitzen. Wenn Sie jetzt aufstehen – ist das dann noch ein Versuch? Oder ist das schon eine Tat?

Sollte man aufgeben, nachdem man etwas versucht hat? Sollte man sich der Versuche rühmen? Oder ist dieser Satz – ich habe alles versucht – ein Eingeständnis, dass man bisher überhaupt noch nichts getan hat?

»Ich habe alles versucht« heißt nach unserer inneren Logik: Es gibt keine Lösung. Dann sollte man aufhören, weiter zu versuchen. Kein guter Vorschlag? Dann sollte man sich mit dem gewünschten Endergebnis beschäftigen. Wenn man dann überlegt, was die dazugehörige Handlung sein müsste, lässt sich diese Handlung planen. Schon wird ein Ergebnis sichtbar.

Die Antwort auf die Frage, wie viele Versuche Menschen im Durchschnitt machen, bevor sie aufgeben, lautet: keinen. Sie lesen richtig. Bevor überhaupt ein Versuch unternommen wird, durchdenken die meisten das Thema und kommen zu dem Schluss, dass es besser ist, es erst gar nicht zu versuchen.

Dazu folgende Beispiele:

Eine Frau

Eine Frau wünscht sich dieses wunderschöne Kostüm. Sie hat bald Geburtstag. Ihr Mann möchte ihr etwas schenken, sie kann sich etwas wünschen. Da macht sie mit Ihrem Mann einen Schaufensterbummel. Sie sind im Gespräch vertieft und reden über dies und das. Und – wie der Zufall es will – kommen sie an diesem Modegeschäft vorbei. Da hängt »ihr« Kostüm im Schaufenster. Sie: »Findest du das Kostüm nicht auch schön?« – Er: »Nee!« Sie hält den Mund und ist sauer. Denkt: »Nie erfüllt er mir nur einen einzigen Wunsch. Dann eben nicht!«

Ein Mann

Ein Mann hat eine gute Geschäftsbeziehung und versteht sich sehr gut mit dem Firmeninhaber. Der ist in seinem Fach sehr kompetent und ermuntert den Mann: »Wenn Sie mal ein Problem haben, rufen Sie mich gerne an.« Und das meint er wirklich. Nun hat der Mann ein neues Projekt und ein Problem, das dieser Geschäftspartner mit Sicherheit lösen könnte. Dem Mann fällt diese Möglichkeit sofort ein. Bevor er zum Telefon greift, einfach anruft und das Thema erledigt, meint er, in sich selbst noch folgende Fragen klären zu müssen: »Vielleicht ist er gar nicht da.« – »Was ist, wenn der gerade in einer Besprechung ist und ich störe ihn dabei?« – »Vielleicht hat er das nicht so gemeint?« – »Ich weiß gar nicht, ob er mir das überhaupt sagen will.« – »Was soll der überhaupt von mir denken, dass ich das nicht weiß? Vielleicht verliert er völlig die Achtung vor mir?« – »Das Problem ist gar nicht so bedeutend, dass ich ihn dafür anrufe.« Und was macht der Mann? Nichts. Er quält sich durch das Problem und löst es irgendwann schlecht und recht selbst.

Eine Reklamation

Haben Sie schon einmal etwas reklamiert? Und hatten Sie Erfolg? Oder war die Erfahrung so, dass Sie sich gesagt haben: »Nie wieder.« So kommt das emotionale Konto ins Minus:

Ich und die Schuhe

Ich habe mir recht teure Schuhe gekauft. Nach dreimaligem Tragen war das Leder kaputt, hatte einen Riss. Zunächst fragte ich mich, ob ich das reklamieren könnte, die Antwort lautete sofort: »Natürlich!« Und nun sprachen die beiden Ichs in mir miteinander: »Wird der Verkäufer mir glauben?« – »Klar, nach dem Gesetz muss er das.« – »Er wird mich fragen, was ich denn mit den Schuhen gemacht habe.« – »Klar, das fragen die Verkäufer doch immer.« – »Und was soll ich dann sagen?« – »Dass die Schuhe Mist sind und im Übrigen viel zu teuer, dass sie eine zugesicherte Eigenschaft – nämlich als Schuhe getragen zu werden – nicht erfüllen ...«

Stopp! Stopp – so funktioniert das nie. Das ist der typische Dialog zwischen Kunde und Verkäufer. Eine unendliche Geschichte. Ein Kampf, den der Kunde verliert. Das ist nicht die Lösung. Was muss ich sagen, um Erfolg zu haben?

MERKE

Aufgeben ist keine Lösung.
Unser Innerstes hat ein Elefantengedächtnis für Unerledigtes.
Unerledigtes ist unbefriedigend und schwächt uns.
Es bringt das emotionale Konto ins Minus.

WIEDERHOLUNGEN UND BEHARRLICHKEIT

Wiederholung ist die Mutter der Werbung. In der Werbung ging man früher davon aus, dass eine Botschaft mindestens dreimal wiederholt werden müsse, bevor sie überhaupt registriert wird. Sie können davon ausgehen, dass diese Regel auch für Ihre Wünsche zutrifft. Also wiederholen Sie Ihre Wünsche mindestens (!) dreimal. Erst dann können Sie davon ausgehen, dass sie in der Welt sind und vielleicht verstanden wurden. Manchmal brauchen Sie für sich selbst die Wiederholungen, damit Sie selbst Ihre Wünsche ernst nehmen.

Die »Immer-noch-mal-Methode«

Viele Menschen hören auf, ihren Wunsch zu wiederholen, wenn er nach einmaliger Äußerung noch nicht erfüllt wurde. Meistens hat unser Gegenüber (Partner, Verkäufer etc.) dann noch gar nicht verstanden, worum es überhaupt geht. Haben Sie vielleicht beobachtet, wie oft Kinder ihre Wünsche wiederholen? Die Wiederholung ermöglicht die Erfüllung! Sie sollten Ihre Wünsche so lange wiederholen, bis sie erfüllt sind. Jedes NEIN ist eine Möglichkeit, den Wunsch zu wiederholen.

Haben Sie einen CD-Player? Da gibt es eine Wiederholtaste. Wenn Sie die drücken, dann spielt der Player das Stück noch einmal, immer wieder – sooft Sie wollen. Auch am Computer gibt es so eine Taste. Installieren Sie in sich selbst so eine Wiederholtaste.

Jetzt geht es noch darum, festzulegen, was denn wiederholt werden soll: Nur das gewünschte Ergebnis. Sonst nichts! Das Kostüm, der Hund, der Schuh, der Kontakt.

Die Frau und das Kostüm

Der Mann hat überhaupt nicht begriffen, was mit dem Kostüm ist. Er sieht es zum ersten Mal. Vor seinem inneren Auge hat er keine Vorstellung, dass es bei dem Geschenk um ein Kostüm geht. Darüber haben sie noch nicht gesprochen. Die Frau hat es bereits verinnerlicht, es ist bereits »mein Kostüm«. Sie hat es sich mehrmals angesehen, wahrscheinlich anprobiert. Sie hat vor ihrem inneren Auge bereits eine Vision – in Gedanken trägt sie das Kostüm bereits. Und diese Vision muss sie vermitteln, egal was ihr Mann im ersten Moment dazu sagt. Je öfter sie mit Freude über das Kostüm spricht, desto eher kann auch bei ihrem Mann ein inneres Bild entstehen. Und erst dann wird er wissen, dass es für sie wichtig ist und welche Freude er ihr damit machen kann.

Und so geht es:

Formulieren Sie Ihren Wunsch oder Ihr Anliegen in einem einzigen Satz:
Ich wünsche mir das Kleid.
Ich möchte, dass Sie diesen Artikel tauschen!
Ich möchte mein Geld zurück.
Bitte, erledigen Sie diese Arbeit jetzt.

Von Kindern können Sie besonders gut lernen, wie man wünscht. Kinder bleiben ihren Wünschen treu und geben sie nicht so schnell auf.

Ein Junge

Es gab einen kleinen Jungen, der wünschte sich einen Hund. Die Eltern hatten ganz kluge Gegenargumente: »Was das kostet … und wer geht immer mit dem Hund raus … und die Nachbarn … und der Dreck … und ein Hund macht genauso viel Arbeit wie ein Kind …« Der Junge hörte sich das alles an und wusste genau, er wollte einen Hund. Jedes Mal, wenn er die Einkaufsliste seiner Mutter sah, ergänzte er sie und schrieb: »1 Hund«. Das ging nicht nur wochenlang, sondern zwei Jahre so. Dann waren die Eltern so weit: Sie schielten zunächst verstohlen zu Hundebesitzern, besonders solchen mit Kindern. Wie zufällig begannen sie Gespräche mit ihnen. Sie waren immer mehr entzückt von Hunden. Es kostete sie immer mehr Kraft, den Wunsch des Kindes abzulehnen. Es fielen ihnen keine glaubhaften Argument mehr ein. Sie merkten, es war ein Herzenswunsch. Sie waren wie angesteckt von der Idee. Sie wünschten sich nun selbst einen Hund. So kam der Hund in die Familie.

Rezept für Reklamationen

Stellen Sie sich vor, Sie wollen die Schuhe reklamieren: Drei Tage getragen und schon kaputt.

Worum geht es bei der Reklamation?

Was wollen Sie erreichen?

Sie wollen diese Schuhe in einem ordentlichen Zustand haben, tragen ....??? Sie wollen nicht, dass die gleich kaputtgehen ...?

Bitte noch einfacher.

Worum geht es, was ist das Ziel?

Ich will einwandfreie Schuhe.

OKAY. Dies ist das Ziel. Nichts anderes. Dieses Ziel wird jetzt eingespeichert und an die Wiederholtaste delegiert. Das ist der Satz: »Ich will einwandfreie Schuhe.«

Jeder Satz, der darüber hinausgeht, ist Futter für den Verkäufer. Da beißt er zu und bringt Sie weg von Ihrem Ziel. Sein Ziel ist nämlich ein ganz anderes. Womöglich ist sein emotionales Konto im Minus, weil er nicht weiß, was er jetzt machen soll. Vielleicht darf er solche Entscheidungen gar nicht treffen. Oder er muss seinen Chef fragen, das ist ihm unangenehm. Also versucht er zuerst, den Kunden abzuwimmeln. Wenn Sie darauf reinfallen, hören Sie sich plötzlich über Dinge schwätzen, die überhaupt nichts mit der Reklamation zu tun haben (z. B. Antwort auf die blöde Frage, was Sie denn wohl mit den Schuhen gemacht haben).

Wenn Sie ruhig und gelassen Ihren Wunsch wiederholen, lernen Sie Beharrlichkeit im Durchsetzen Ihrer Ziele. Der Vorteil: Niemals mehr müssen Sie sich vorher Argumente zurechtlegen. Sie können manipulierende verbale Fallen, Herausforderungen und Abweichungen vom Thema gelassen hinnehmen. Es gibt nichts zu argumentieren, nichts zu rechtfertigen, nichts zu erklären. Ihre einzige Aussage ist Ihr Wunsch. Den kann man mit diesem einem Satz ausdrücken. Die Wiederholung des Satzes ist das Erfolgsgeheimnis. Sie halten am angestrebten Ziel fest, indem Sie es einfach so oft wiederholen, bis Sie es erreicht haben. Auch vor einem Nein müssen Sie nicht zurückschrecken: Jedes NEIN ist eine Möglichkeit, den Wunsch zu wiederholen.

Und so läuft das Gespräch mit dem Verkäufer:

»Ich habe hier kürzlich diese Schuhe gekauft und jetzt ist das Oberleder kaputt. Ich bringe Ihnen die Schuhe zurück. Ich möchte dafür einwandfreie Schuhe haben.«

Verkäufer begutachtet die Schuhe: »Die sind ja schon getragen, da kann ich Ihnen keine neuen geben.«

»Doch, das können Sie. Ich möchte einwandfreie Schuhe haben.«

»Was haben Sie denn mit den Schuhe gemacht?«

»Ich habe sie als Schuhe getragen. Und nun möchte ich neue, einwandfreie Schuhe haben.«

»Da müssen wir den Artikel an unseren Lieferanten schicken. Der muss das dann klären.«

»Das können Sie gerne machen. Und ich möchte jetzt einwandfreie Schuhe von Ihnen haben.«

»Wie ich schon sagte, wir müssen die Schuhe erst mal einschicken …«

»Das können Sie gerne machen. Damit habe ich nichts zu tun. Ich möchte einfach nur einwandfreie Schuhe haben.«

»Das kann ich nicht entscheiden. Da muss ich meinen Abteilungsleiter fragen.«

»Ich spreche gern mit Ihrem Abteilungsleiter, wie heißt er?«

»Das ist Herr Hoffmann. Ich gehe mal eben zu ihm.«

»Holen Sie Herrn Hoffmann bitte hierher. Dann kann ich ihm selbst sagen, dass ich einwandfreie Schuhe haben will.«

»Okay.«

Herr Hoffmann wird geholt, er fragt: »Worum geht es?«

»Ich habe hier diese Schuhe gekauft und nun ist das Oberleder kaputt. Deshalb bringe ich sie hier zurück. Ich möchte einwandfreie Schuhe haben.«

Herr Hoffmann zum Verkäufer: »Die müssen wir dann wohl einschicken.«

Herr Hoffmann zum Kunden: »Möchten Sie dasselbe Modell haben?«

»Ja.«

»Dann suchen Sie sich ein neues Paar aus. Ich sage an der Kasse Bescheid.«

Wie immer Sie mit Ihren eigenen Wünschen umgehen, sie sind immer ein Ausdruck eines Bedürfnisses. Wenn Sie sie zu schnell aufgeben, ist gleichzeitig ein anderer Teil von Ihnen enttäuscht. Bleiben Sie also dran an Ihren Wünschen, nur dadurch können Sie Freude (das Gegenteil von Enttäuschung) erleben. So bringen Sie Ihr emotionales Konto in die Gewinnzone.

BLOSS KEINE FEHLER MACHEN!

Gehören Sie auch zu denen, die keine Fehler machen wollen? Gehören Sie damit zu denen, die aufpassen, dass sie KEINE Fehler machen? Es stimmt: Fehler sind etwas Schreckliches. Bereits in der Schule lernen wir das als Erstes. Der Lehrer ist immer überlegen, weil er uns beim Fehlermachen erwischen kann. Als Schüler ist man da ständig unterlegen. Manche Mitschüler erkannten schnell die »Macht der Fehler« und machten es sich ganz fix zum Hobby, andere beim Fehlermachen zu erwischen. Manchmal war es schon ein Fehler, deren selbst ausgedachte Regeln nicht zu kennen. So waren sie dann die Überlegenen und man selbst war der Depp. Was beim Lehrer der Rotstift, ist bei Mitschülern Auslachen und Häme. Also lernen wir, dass es besser ist, immer alles richtig zu machen.

Wenn Sie dazu gehören, muss ich Ihnen leider sagen: Es schwächt Sie, wenn Sie Fehler vermeiden wollen. Sie werden denken: »Wieso sollte ich nicht Fehler vermeiden wollen? Das will doch jeder?« Trotzdem: Es funktioniert nicht. Es ist ein Denkfehler.

Was sind denn Fehler? Das sind Ergebnisse oder Handlungen, die sich, nachdem sie gemacht worden sind, als nicht richtig erweisen. Wann erkennt man das? Natürlich NACHDEM die Handlung, Leistung, Tat vollzogen wurde. Das ist manchmal schlimm, manchmal ist das der Weg zu einer neuen Erfahrung und es ergibt sich etwas Besseres daraus.

Wenn ich jetzt meine Arbeit mache und einen Fehler vermeiden will, kenne ich den Fehler noch gar nicht. Er ist schlichtweg nicht vorhanden. Und diesen Fehler soll ich NICHT machen? Wie geht das? Wenn der Fehler bereits gemacht wurde, dann ist er vorhanden. Hinterher kann ich ihn nicht mehr vermeiden, dann ist er da. Verwirrend. Das ist die Denkfalle: Ich kann nicht etwas NICHT machen – und schon gar nicht etwas, das ich noch gar nicht getan habe und niemals zu tun gedenke.

Stellen Sie sich vor, Sie gehen die Straße entlang und ich gehe neben Ihnen her und sage immer: »Pass auf, dass du nicht daneben trittst … Pass auf, jetzt kommt ein Kantstein … Lauf nicht gegen den Laternenpfahl … Achtung, da kommt ein Radfahrer, pass auf, dass er dich nicht anfährt.« Was würde dann passieren? Entweder Sie sind nach kürzester Zeit so irritiert, dass Sie nicht mehr wissen, wie Sie gehen, oder Sie werden wütend, weil ich Sie mit etwas belästige, das Sie gar nicht zu tun gedenken.

FAZIT

Sie verwirren Ihren Geist, wenn er sich ständig mit etwas beschäftigen muss, das er NICHT tun will und NICHT tun kann.
Ergebnis: Überforderung.
Man beschließt, dass es besser ist, nichts zu tun, denn dann macht man keine Fehler.
Fehlerfixierung verhindert gute Lösungen.
Fehlerfixierung verhindert Freude an der Arbeit.

Ein Fehler ist etwas Nichtvorhandenes. Er ist kein Gegenstand, den man sehen kann. Ein Gegenstand ist bereits in der Welt. Wie eine Tür oder ein Laternenpfahl, den ich erkennen kann. Ich kann dagegenlaufen oder nicht. Ein Fehler jedoch – und das ist das Paradoxe – ist nicht zu erkennen. Sie können sich noch so anstrengen, noch nicht gemachte Fehler sind nicht zu erkennen. Weil es sie gar nicht gibt! Sie existieren nur in der Vorstellung, nicht in der Wirklichkeit!

MERKE

Fehler nicht machen zu wollen, schwächt.
Das emotionale Konto gerät ins Minus.

ERGEBNISORIENTIERUNG

Machen Sie einfach Ihre Dinge. Sie werden Sie so gut wie möglich machen. Verlassen Sie sich auf die eigenen Fähigkeiten und Kompetenzen. Leben Sie damit, dass bei jeder Tätigkeit eine gewisse Fehlerquote einkalkuliert werden muss. So hat man herausgefunden, dass nach einer bestimmten Menge von Wörtern, die wir sprechen, ein kleiner Versprecher auftaucht – ohne tieferen Grund. Wollten wir das vermeiden, könnten wir gar nicht mehr sprechen und würden anfangen zu stottern. Bestimmte Tätigkeiten erfordern Ausprobieren und Üben, um herauszufinden, was die beste Lösung ist. Das ist die Grundlage von Erfahrung. Nur durch Ausprobieren (und dabei immer besser werden) erreicht man Meisterschaft. Wer eine Sportart lernt, weiß das. Auch ein guter Redner ist nicht auf Anhieb gut, er braucht ebenfalls die Möglichkeit, sich auszuprobieren, um immer besser zu werden.

Und wenn ein Fehler passiert, dann wissen Sie genau wie jeder andere: Nur wo gearbeitet wird, passieren Fehler. Nur wer nicht arbeitet, kann keine Fehler machen. Und jeder Fehler ist eine Gelegenheit für eine Verbesserung und meistens der Weg zum Erfolg.

Wenn wir uns nicht das Recht nehmen, zu üben und auszuprobieren, haben wir etwas Wesentliches nicht begriffen. Nur so haben wir Laufen und Sprechen gelernt. Immer wieder treffen wir auf Menschen, die einem erklären, dass irgendetwas nicht funktioniert, weil sie nicht konsequent bis zum Ergebnis gearbeitet haben. Erfolg liegt oft im Durchhaltevermögen und in der Anzahl der Versuche. Edison machte bei der Erfindung der Glühbirne mehrere Tausend Versuche und entdeckte dabei mehrere Tausend Möglichkeiten, wie es NICHT funktioniert.

Success is the ability to go from failure to failure without loosing your enthusiasm.
Erfolg ist die Fähigkeit, von Misserfolg zu Misserfolg zu gehen, ohne die Begeisterung zu verlieren.
(Winston Churchill)

Wie bei einer Mathematikaufgabe ist es unlogisch, sich auf die Fehler zu konzentrieren. Je mehr wir an Fehler denken, desto mehr Fehler produziert das Gehirn, denn unser Gehirn erzeugt immer genau das, was unsere Aufmerksamkeit fesselt.

Wenn wir uns auf Lösungen konzentrieren, ist die Chance, erfolgreich zu sein, deutlich besser. Nun ist es manchmal nicht einfach, eine Lösung zu finden, weil wir den Weg dorthin nicht kennen. Vielleicht fehlt uns das Wissen, wir haben es vergessen oder wir können die gelernten Regeln nicht anwenden. Dann sollten wir die Aufgabe an jemanden anderen delegieren. Oder uns helfen lassen. Nun ist das Leben keine Mathe-Aufgabe, bei der es eine für alle nachprüfbare richtige Lösung gibt. Wenn wir so denken, sind wir auf dem besten Weg, uns zu verzetteln. In unserem Leben sind wir deutlich freier als in der Mathematik. Keiner kann uns ein Ergebnis diktieren. Es gibt nur eine individuelle, für uns persönlich richtige Lösung, und das ist die, mit der wir uns wohl fühlen.

Im Berufsleben haben wir es selten mit vorgegebenen Ergebnissen zu tun. Meistens stehen wir vor unfertigen Aufgaben, die ständig weiterentwickelt werden müssen. Das ist die Basis für die meisten Jobs. Hätten wir irgendwann ein endgültiges Ergebnis, wäre das das Ende unseres Jobs. Manchmal kennen wir spontan die Lösung, manchmal bietet sich die Lösung an, wenn wir ein paar Fragen stellen.

Dies sind lösungsorientierte Fragen:
Worum geht es denn wirklich?
Was ist der größere Zusammenhang?
Was genau will ich erreichen?
Wie will ich es erreichen?
Wie kann ich das Ergebnis beschreiben?
Wer kann mir eventuell dabei helfen?

Wenn Sie Antworten gefunden haben, wird dies dazu führen, dass Sie entspannter an Ihre Aufgaben herangehen. Dadurch können innere Suchprozesse die Informationen und Fähigkeiten zusammentragen. So wird schlafendes Wissen geweckt, das Sie zu Ihrem Ergebnis führt.

Das ist es, was Sie als Erfolg erleben.

MERKE
Sie wissen: Der Körper hört zu, wenn wir denken. Er soll die Gedanken in Handlungen umsetzen. Nur das will er. Dafür braucht er klare Anweisungen und Wiederholungen.
Die Anweisung »Ich will keine Fehler machen« ist keine Handlung, sondern eine Verwirrung.
Der Körper will hören, was genau er machen soll.

Klare Formulierungen sind z. B.:
Ich erledige meine Aufgabe mit Kompetenz und Konzentration.
Ich erziele das bestmögliche Ergebnis.
Ich hole mir die Unterstützung, die ich brauche.
Ich erledige meine Arbeit mühelos und erfolgreich.
Bei der Prüfung verstehe ich alle Fragen und mir fallen die richtigen Antworten ein.
Beim Lernen behalte ich alles, was ich lese, und mein Wissen steht mir jederzeit zur Verfügung.
Wenn ich den Vortrag halte, bin ich entspannt und gut vorbereitet und die Menschen hören mir gern zu.
(Wiederholungen verstärken die Wirkung)

Wir sind es nicht gewohnt, unsere Ziele so zu formulieren, und haben – wenn wir darin noch ungeübt sind – eine gewisse Scheu. Bei den Negativaussagen haben wir seltsamerweise keine Scheu, obwohl sie demselben Prinzip folgen. Probieren Sie es einmal, es wirkt.

MEINE BLOCKADEN

Immer wieder hört man von Blockaden, die es zu überwinden gilt. Haben Sie auch manchmal Blockaden? Blockaden sind etwas Seltsames. Jeder kennt sie. Jeder hat sie. Jeder hat schon einmal damit gekämpft.

Ich erzähle Ihnen etwas über meine Blockaden: Ich kenne zum Beispiel die Blockade, nach dem Essen den Tisch abzuräumen. Das Geschirr bleibt einfach stehen. Und ich mache mir Gedanken, wie ich diese Blockade überwinden kann und wie es geht, sofort nach dem Essen den Tisch abzuräumen. Je mehr ich darüber nachdenke, desto größer wird die Blockade.

Dann gibt es noch die Blockade des Aufstehens. Morgens klingelt der Wecker und ich kann einfach nicht aufstehen. Eine Blockade. Die nahe liegende Idee ist, einen zweiten Wecker zu aktivieren, der dann etwas später klingelt, nachdem die erste Blockade abgeklungen ist. Was passiert? Der zweite Wecker erzeugt eine zweite Blockade. Also muss ein dritter Wecker her. Was dann passiert, können Sie sich sicher denken. So steht irgendwann das Zimmer voll von Weckern, alle 15 Minuten läutet einer eine Blockade ein; bald ist der Tag herum und die Blockade ist immer noch da. Da muss ich aufpassen, dass das Weckergeklingel rechtzeitig zur Zubettgehzeit aufhört, da könnte nämlich die Einschlafblockade beginnen.

Bin ich abends müde, sage ich mir: »Du müsstest eigentlich ins Bett gehen.« Es geht nicht – die Zubettgehblockade. Vielleicht noch mal durch die Fernsehprogramme zappen? Natürlich nichts Vernünftiges – todlangweilig. Zum Zubettgehen ist es noch viel zu früh. Vielleicht noch ein Glas Wein?

Irgendwann gehe ich dann ins Bett, hundemüde. Was passiert, kaum dass ich liege? Die Einschlafblockade. Ich wälze mich von einer Seite zur anderen. »Nur noch fünf Stunden, dann musst du wieder fit sein« – der Körper ist hellwach. Ich stehe auf, trinke noch eine warme Milch mit Honig, tauche die Unterarme in Warmwasser … irgendwann ist diese Blockade verschwunden, irgendwann bin ich eingeschlafen.

Morgens dann: Die Wecker …

Dann gibt es noch die Menschenansprechblockade. Immer, wenn ich irgendwo bin, wo Fremde sind, fühle ich mich gar nicht wohl. Ich ziehe mich dann zurück – meine Blockade. Ich kann dann gar nicht mehr reden. Mir fällt nichts mehr ein. Totale Blockade. Manchmal passiert das mit Menschen, die mir durchaus vertraut sind. Wenn jemand zu viel redet, blockiert mich das total. Oder wenn jemand gar nichts sagt, blockiert mich das erst recht.

Der Witz: Die Blockade ist das Problem. Ich stelle mir vor, ich muss die Blockade überwinden wie einen Graben. Wenn ich anfange, diesen Graben zu überwinden, wächst er gleichzeitig. Der Graben ist eben kein kleiner, über den ich hinwegspringen kann. Er ist riesengroß und tief. Ein Schritt auf ihn zu und er wird immer größer und breiter und tiefer. Ich kann in ihm versinken bis zum Hals. Vielleicht kann ich komplett darin verloren gehen. Wie soll ich den je überwinden?

Der Graben kann sich manchmal als Berg darstellen. Der Berg wächst zu einem Gebirge, wenn ich nur einen Schritt auf ihn zu machen will. Das Gebirge entwickelt sich zu Felswänden – riesig hoch, glatt und unüberwindbar.

Das ist eben das Seltsame an Blockaden, sie sind so dynamisch, sie passen sich mir so wunderbar an, dass ich sie nie überwinden muss. Ein perfektes System. Immer, wenn ich nur an die Blockade denke, wächst sie sich so groß aus, dass sie unüberwindbar wird. Es geht einfach nicht.

Ich muss dann den Tisch gar nicht abräumen, weder einschlafen noch ausschlafen, nicht auf Menschen zugehen, noch muss ich schreiben oder meine Dinge erledigen. Es gibt jemanden, der dafür zuständig ist, dass es nicht geht – meine Blockade.

Es gibt viele davon, eine ganze Großfamilie: die Abnehmblockade, die Zufriedenheitsblockade, die Lebensanpackblockade, die Malblockade, die Gäste-Einladungs-Blockade, die Sich-wehren-Blockade, die Ihm-endlich-mal-die-Meinung-sagen-Blockade, die Ihr-endlich-mal-die-Meinung-sagen-Blockade. Erwähnte ich schon die Aufräum-Blockade? Oder die Entscheidungs-Blockade? Mit Sicherheit haben Sie jetzt gerade ein Buch in der Hand und Sie lesen. Jetzt denken Sie mal einen kleinen Augenblick darüber nach, was Sie heute noch alles erledigen wollten – bestimmt fallen Ihnen einige Dinge ein. Haben Sie diese Dinge, die Sie heute noch machen woll(t)en, vor Augen?

Was ist dann wichtiger? Das Weiterlesen oder das Erledigen der anderen Dinge? Und welches von den anderen ist das Wichtigste? Welches müsste eigentlich zuerst erledigt werden? Ist es dann noch wichtig, dass Sie hier sitzen oder liegen und einfach so lesen? Sollten Sie nicht lieber aufstehen, sich an die Arbeit machen?

Jetzt wissen Sie nicht weiter? Dann haben Sie sicher eine typische Entscheidungsblockade.

Konnte ich Sie in eine Blockadefalle locken?

Lesen Sie einfach ganz ruhig weiter. Oder klappen Sie das Buch zu und erledigen Sie Ihre Aufgaben.

PS: Die Blockade taucht gern unter anderen Namen auf: Rückzug, Flucht, Widerstand, innerer Schweinehund, Trotz.

Diskutieren Sie einmal mit jemandem darüber, dass es gar keine Blockade gibt, dass es ein Hirngespinst ist. Man muss einfach nur aufstehen. Einfach nur anfangen, den Tisch abzuräumen. Einfach nur damit beginnen, Menschen anzusprechen. Und schon ist die Blockade weg.

HANDELN, MACHEN, TUN

Die Natur kennt keine Blockaden. Sie macht einfach. Der Keim in der Erde macht sich keine Gedanken, wie er die Erde durchdringen könnte oder wie er dort oben in der Welt zurechtkommen könnte. Er wächst einfach. So funktioniert es mit den Gänseblümchen, den Rosen, den Bäumen.

Kein Vogel fragt sich, wie er dort mitten im Baum landen könnte. Er tut es einfach. Und wenn er losfliegen will, dann fliegt er einfach. Würde er darüber nachdenken, hätte er sicher eine Blockade und würde wahrscheinlich ewig dort sitzen bleiben.

So sind Blockaden wahrscheinlich mentale Ereignisse und kommen nur bei Menschen vor. In der freien Natur hat man sie noch nicht beobachtet. Es ist das Nachdenken, das uns hindert. Denken Sie jetzt mal darüber nach, wie es geht, wenn Sie vom Sitzen zum Aufstehen kommen wollen. Wie macht Ihr Körper das? Das könnte sofort eine Blockade erzeugen.

EINFACH MACHEN

MINUS	PLUS
Blockade.	Handeln, handeln, handeln. Sofort! Tu's gleich! Handeln, bevor die Gedanken kommen.

PRINZIP DER KLEINEN SCHRITTE

MINUS	PLUS
Hartnäckige Blockade.	*Das Prinzip der kleinen Schritte:* Was ist der erste Schritt? Den Teil erledigen, der einem leicht fällt. Was ist der nächste Schritt? Den nächsten Teil erledigen, der zu schaffen ist.

Dazu ein Beispiel: Aufräumen. Wer die Aufräum-Blockade praktiziert, lebt in Unordnung und erzählt sich ständig: »Ich muss aufräumen.« Der Arbeitsaufwand erscheint so groß, dass der Beginn des Aufräumens sofort vom Aufgeben verhindert wird.

Das Prinzip der kleinen Schritte funktioniert, wenn man sich nur einen kleinen Teil vornimmt, der zu schaffen ist. Das kann eine einzelne Schublade sein, die aufgeräumt wird. Das kann ein Stuhl sein, den man leer räumt. Der kleine Schritt kann auch eine Zeiteinheit sein: Man räumt nur eine Viertelstunde lang auf und macht dann eine Pause oder etwas anderes. So hangelt man sich langsam Schritt für Schritt zur nächsten Aufgabe und erlebt jedes Mal das Gefühl, etwas geschafft zu haben.

MINUS

Ich kann nicht schreiben.
Ich kann nicht lernen.
Ich will aufstehen, aber es geht nicht.

PLUS

Vorbereitungsphase:
Wo wollen Sie schreiben (lernen)? Bereiten Sie den Arbeitsplatz vor: Legen Sie Papier und Schreibzeug hin, starten Sie den Laptop oder legen Sie die Bücher zurecht.

Was wollen Sie tun?
Was genau ist die Handlung? In diesem Beispiel: schreiben, lernen, aufstehen.

Formulieren Sie diese Handlung:
»Ich schreibe jetzt.«
»Ich lerne jetzt.«
»Ich stehe jetzt auf.«

Sagen Sie sich jetzt diesen Handlungssatz etwas zehn Mal hintereinander mit steigender Intensität: Ich schreibe jetzt … Ich schreibe jetzt … Ich schreibe jetzt …

Schließen Sie die Augen und hören Sie den Nachhall Ihrer Sätze. Das ist die Echo-Phase.

Beginnen Sie anschließend sofort:
Schreiben Sie. Lernen Sie. Stehen Sie auf.

SEIN LASSEN

MINUS	PLUS
Extrem hartnäckige Blockade.	*Auch einmal überlegen, ob man es besser sein lassen sollte:* Das Examen nicht machen. Das Buch nicht schreiben. Die Verabredung absagen.

ICH GLAUBE, ICH BIN NICHT GUT GENUG

Wissen Sie, wie man Windhunde auf Tempo bringt? Man lässt sie einer Wurst am Bindfaden hinterherrennen. Der Köder wird auf einem Wagen sozusagen vor den Hunden hergezogen. Die Hunde haben keine wirkliche Chance, während des Laufes diese Beute zu ergattern. Die Beute ist unerreichbar, und weil die Hunde das nicht wissen, kommen sie richtig auf Tempo, um sie trotzdem zu erhaschen. Erst später am Ziel erhalten Sie dann ihre Belohnung. Das ist wichtig, weil sie das Spiel sonst nie wieder mitmachen würden.

Bei den so genannten Leistungsträgern trifft man häufig auf ein ähnliches Phänomen. Nur dass nicht irgendjemand anderer, den Köder unerreichbar macht, sondern der Leistungsträger selbst. Er hängt den Köder auf eine Distanz, die erkennbar unerreichbar ist. Und dann rennt er mit immer besseren Leistungen dieser Wurst hinterher. Erreicht sie aber nie. Insofern ist er schlechter dran als der Hund.

Wie macht er das? Der Leistungsträger arbeitet und arbeitet und hat trotzdem das Gefühl, nicht genug getan zu haben. Er denkt: »Ich bin nicht gut genug.« – »Das reicht nicht aus.« – »Das könnte noch besser sein.« – »Dieser Fehler darf mir nicht noch einmal passieren!« Er begutachtet in einer fortlaufenden Endlosschleife seine Leistungen und bewertet sie als nicht zufrieden stellend. Da er das immer *nach* der erbrachten Leistung macht, kann er nie ein zufrieden stellendes Ergebnis erreichen. Die *vor* einer Leistung erdachten Ziele werden also permanent überarbeitet. Vergleicht man das, was VORHER gedacht wurde, mit dem, was NACHHER herausgekommen ist, so entsteht immer eine Differenz zum eigenen Nachteil. Es entsteht ein Minuswert.

Diesen Minuswert betrachtet der Leistungsmensch und versucht, die Differenzlücke zu schließen: »Ich muss noch besser werden.« Er jagt wie der Hund der Wurst einem Ergebnis hinterher, das nicht wirklich zu erreichen ist. Wie ein Versuch, sich selbst beim Laufen zu überholen. Oder wie Oliver Kahn es formulierte: »Ich stehe auf dem Gipfel eines Berges und denke, ich könnte mir noch auf die Schultern steigen.«

Nur der Hund wird am Ziel belohnt. Der Leistungsmensch wird von seinem eigenen System ausgetrickst. Lange Zeit merkt er es nicht. Er nennt das Perfektionismus. In Wirklichkeit glaubt er – egal wie gut er in Mathe war –, dass man 130 Prozent erreichen kann.

MERKE

Immer der Wurst hinterherzuhecheln, schwächt enorm und bringt das emotionale Konto ins Minus. Erfahren Sie mit der nächsten Übung, wie Sie die Wurst fangen.

ÜBUNG: MEIN STÄRKENPROFIL

Seien Sie stolz auf Ihre Fähigkeiten!

Stellen Sie sich vor, ein guter Fußballspieler beschäftigt sich ständig damit, dass er schlecht Tennis spielt. Absurd. So ist es, wenn wir uns mit unseren Schwächen beschäftigen. Manchmal geht es gar nicht um Schwächen, sondern wir reden uns unsere Stärken weg. Warum eigentlich?

Im Vergleich mit dem Fußballspieler hieße das, dass er nach jedem Spiel lamentieren würde: »Wir haben zwar gewonnen, aber wir hätten noch besser gewinnen können.« Nach einer Niederlage reden sich Sportler nicht klein, die gehört eben zum Sport dazu. Hören Sie sich öfter Interviews mit Sportlern an. Da können Sie viel über Selbstbewusstsein lernen.

Beschäftigen Sie sich jetzt (und in Abständen immer wieder) mit Ihren Stärken. Der einzige Zweck dieser Übung ist die Würdigung Ihrer Stärken und einzigartigen Fähigkeiten.

SEIEN SIE NICHT KLEINLICH MIT SICH SELBST. SCHREIBEN SIE DREI AUSSAGEN ZU JEDEM PUNKT AUF

Meine herausragendsten Fähigkeiten:
1.
2.
3.

Meine ungewöhnlichsten Charaktereigenschaften:
1.
2.
3.

Meine menschlichen Stärken:
1.
2.
3.

Meine erfolgreichsten finanziellen Unternehmungen:
1.
2.
3.

Meine sozialen Stärken:
1.
2.
3.

Meine beruflichen Stärken:
1.
2.
3.

Was macht mich unverwechselbar?
1.
2.
3.

Warum andere mich als Freund oder Freundin schätzen:
1.
2.
3.

Meine wertvollsten Eigenschaften:
1.
2.
3.

Was mögen die anderen (Kollegen, Kunden, Vorgesetzte) an mir besonders?
1.
2.
3.

Was gebe ich meinen Mitmenschen?
1.
2.
3.

Was ich selbst an mir besonders schätze:
1.
2.
3.

Drei Träume, die ich noch im Leben verwirklichen will:
1.
2.
3.

Was ist meine Vision?
1.
2.
3.

IMMER AUF DEM SPRUNG – STRESS UND REAKTION

Wie bei jedem Tier in freier Wildbahn gibt es auch bei uns Menschen Mechanismen zur Verteidigung und Sicherung. Ohne dass wir nachdenken müssen, wird so unser biologisches Überleben gesichert. Diese Überlebensstrategien beziehen sich auf Angriff und Flucht. Im Ernstfall kann der Mensch aus dem Schlaf, im Dunkeln, aus der größten Ruhe sofort durchstarten, um sich in Sicherheit zu bringen. Dabei laufen Programme aus der Urzeit der Menschheit ab. In Bruchteilen von Sekunden kommt der Körper zu Höchstleistungen. Nun kann er auf Bäume klettern und schneller laufen als der Feind.

Damit die Körpermasse (sechzig bis achtzig Kilo und mehr) starten kann, läuft automatisch ein von Hormonen gesteuertes Programm ab. Die Kreislaufaktivität schießt in die Höhe. Der Herzschlag kann sich von einem auf den anderen Schlag verdoppeln. Der Atem wird schneller. Die Energiespeicher werden geleert und in Bewegungsenergie umgesetzt. Damit der Mensch im Dunkeln besser sehen kann, werden die Pupillen größer. Damit er beim Klettern auf Bäumen gut greifen kann, produzieren die Hände Schweiß, denn trockene Hände würden aufreißen. Dasselbe passiert mit den Füßen, auch sie produzieren Schweiß, denn der Urmensch lief barfuß über Stock und Stein. Es wird Vorsorge getroffen, falls Verletzungen auftreten: Die Gefäße in den Armen und Beinen verengen sich. So werden sie weniger durchblutet. Bei größeren Verletzungen (z. B. barfuß über spitze Steine) ist so der Blutverlust geringer. Gleichzeitig erhöhen sich die Blutgerinnungsfaktoren. Die Schmerzempfindlichkeit wird geringer. Das Blut, das sich aus Armen und Beinen zurückzieht, versorgt jetzt vermehrt die Herz-Kreislauf-Organe, die besser durchblutet werden müssen, weil sie auf Hochtouren arbeiten. Das Denken wird jetzt reduziert, damit vorprogrammierte Reflexhandlungen ablaufen können und nicht etwa durch Gedanken gestört werden. Die Aggressivität wird erhöht, die Fluchthormone wirken gleichzeitig als Angriffshormone, denn wenn die Flucht nicht gelingt, folgt eine viel größere Herausforderung: Der Feind muss vernichtet werden. Dafür wird vermehrt das Angriffshormon Noradrenalin produziert. Das Fluchthormon Adrenalin wird ausgeschüttet. Das macht uns so aggressiv, dass Hemmungen überwunden werden. Der Mensch ist in der Lage, mit dem Feind zu kämpfen.

Das Hormon Hydrocortison fördert die Blutgerinnung und unterdrückt Schlaf, Sexualität, Verdauung – all das, was eine erfolgreiche Flucht verhindert.

Das ist unser Überlebensprogramm. Es läuft ab wie seit Millionen von Jahren und wie bei jedem Tier in der freien Wildbahn. Dass wir schon lange nicht mehr auf Bäumen schlafen oder barfuß durch die Landschaft rennen, interessiert die Evolution nicht. Wir leben, und das ist der Beweis, dass dieses Programm funktioniert. Es funktioniert heute noch genauso wie in Urzeiten, wenn der Säbelzahntiger auftauchte.

Was passiert nun, wenn der Feind etwas ist, das wir nicht im Kampf besiegen können und vor dem wir nicht flüchten können? Der Feind ist z. B. ein Telefonat, das wir erwarten, ein Fehler, den wir befürchten, ein schwieriger Kunde, eine komplizierte Aufgabe, eine Prüfung, eine rote Ampel, ein Stau, ein Termin. Was passiert dann? Der Körper sagt immer: »Säbelzahntiger!« und schon springt das ganze Programm an. Sogar einzelne Wörter können es auslösen. So reicht für manche das Wort Prüfung, für andere Akquise oder Vortrag oder Familienfeier oder Finanzamt.

Dann läuft derselbe Überlebensmechanismus ab: Fluchthormone, Kampfhormone, Denkblockaden, Ansteigen der Aggressivität. Der Körper erbringt seine Höchstleistung und könnte jetzt auf Bäume klettern, einen Fluss durchschwimmen, schnell weglaufen, den Feind angreifen und besiegen. Aber: Es findet kein Kampf statt, auch keine Flucht. Es gibt überhaupt keine Bewegung. Der Mensch bleibt am Arbeitsplatz oder im Auto sitzen. Nichts passiert.

Die Hormone und die freigesetzte Energie bleiben jetzt im Körper aktiv. Sie müssen abgebaut werden, aber dafür ist Bewegung wichtig.

Gerade diese Untätigkeit – das Nicht-handeln-Können und die NICHT erfolgte Anstrengung machen krank. Das nennt man Stress. Das hört sich eher harmlos an und in der Gesellschaft hat Stress eher ein positives Image. Für den Körper ist Stress identisch mit einem Angstzustand. Was der Mensch fühlt, ist Angst – und nicht Stress. Stress ist kein Gefühl, es ist eine Erklärung. Wenn diese Angst ständig unterdrückt wird und sich nicht auflöst, dann verändert sich der Mensch. Unruhe, Frustration, Angst, Aggressivität, Unsicherheit, Nervosität, Gesundheitsstörungen, Neurosen, Depressionen sind häufig das Ergebnis. Der Körper kann sich nicht mehr erholen, weil die notwendigen Erholungsphasen zu gering sind. Der Stressmensch befindet sich in einem Dauerzustand der Bedrohungsabwehr. Daraus ergibt sich in mehrfacher Hinsicht ein Teufelskreis:

Der Organismus verbleibt im schnellen System des vegetativen Nervensystems, der Sympathikus ist aktiv. Das bedeutet, dass mehr Energie freigesetzt – und weniger Energie eingelagert wird. Die Erholungsphasen werden immer kürzer, die Aktivitätsphasen immer drängender. Am Ende führt das zu Schlafstörungen: Das innere System muss wach bleiben, weil es auf der Hut sein muss. Es führt zu Verdauungsproblemen: Für die Verdauung braucht der Körper das langsame System (den Parasympathikus). Aber das ist gerade inaktiv. Dasselbe gilt für die Sexualität. Auch dafür ist das langsame System zuständig, also ruht die Sexualfunktion. Das führt zu Lustlosigkeit, Impotenz oder Fruchtbarkeitsstörungen. Wenn der Körper sich bedroht fühlt, kann er nicht gleichzeitig für Nachwuchs sorgen.

Das innere Erklärungssystem erzählt uns nun, was da draußen los ist, die Gedanken arbeiten auf Hochtouren. Die Begründungen sind negativ, denn das Draußen wird nun zur Ursache für das schlechte Befinden und dementsprechend zum Feind. Die Erklärungen führen außerdem dazu, dass das innere System weiter beunruhigt bleibt und weitere negative Erklärungen findet. Für die Erholungsphasen braucht der Körper Zeit und Langsamkeit, aber während er ein Stück in die Erholung geht, wird er wieder mit neuen Schreckensmeldungen gefüttert und springt sofort wieder in das schnelle System. Im Extrem führt das zum Burnout-Syndrom oder in eine Depression.

So führt das negative Denken und Grübeln zu einer enger werdenden Wahrnehmung und zum so genannten Tunnelblick. Die Ereignisse werden nicht mehr insgesamt wahrgenommen, es werden nur noch Einzelthemen oder Einzelpersonen fixiert und in das negative Denksystem eingebaut. Wenn man sich das Überlebensmodell vorstellt, macht das durchaus Sinn. Denn wenn draußen vor der Höhle der Säbelzahntiger knurrt, gibt es nichts anderes, worüber man nachdenken sollte.

Am häufigsten ist Stress am Arbeitsplatz. Nur 4,5 Prozent erleben den privaten Bereich als stressig, aber jeder dritte Arbeitnehmer in Europa gibt an, unter Stress am Arbeitsplatz zu leiden. Fast jeder zweite deutsche Arbeitnehmer sagt, der Stress habe zugenommen.

Stressoren nennt man die Ereignisse, die Stress auslösen, das können sein: zu komplizierte Aufgaben, zu langweilige Aufgaben, zu wenig Handlungsspielraum, Angst um den Arbeitsplatz, Umgebungsbelastung wie Lärm, Konflikte mit Kollegen beziehungsweise Vorgesetzten, Termindruck.

Auch Stress bei Kindern nimmt zu. Zirka siebzig Prozent der Sieben- bis Elfjährigen und zirka achtzig Prozent der Zwölf- bis 16-Jährigen berichten vom Erleben eigener Stresssituationen. Konkrete Strategien zur Stressbewältigung kennen die meisten Kinder nicht. 25 Prozent meinen sogar, dass gegen Stress gar nichts getan werden kann. Ein Großteil der stressgeplagten Kinder hat ein- bis mehrmals pro Woche Kopfschmerzen, Schlafprobleme, Bauchschmerzen und Erschöpfungszustände. Die Anspannung bei Kindern tritt überwiegend im schul- und leistungsbezogenen Kontext auf. Die Weltgesundheitsorganisation (WHO) erklärte Stress zur größten Gesundheitsgefahr des 21. Jahrhunderts. Laut WHO wird die Behandlung von Folgeerkrankungen einer der größten Kostentreiber im Gesundheitswesen werden. Bei fast siebzig Prozent aller Krankheiten ist Stress eine der Ursachen, z. B. bei Magengeschwüren, Depressionen, Herz-Kreislauf-Erkrankungen oder psychosomatischen Beschwerden. Die Kosten für Krankschreibungen aufgrund stressbedingter psychischer Störungen werden allein in Deutschland auf 2,5 Milliarden Euro jährlich beziffert.

Stress schwächt und bringt das emotionale Konto ins Minus. Stress ist immer eine Form der Anspannung. Lesen Sie im nächsten Kapitel, welche Möglichkeiten der Entspannung es gibt, um das emotionale Konto ins Plus zu bringen.

IN DER ENTSPANNUNG KOMMT DIE KRAFT

Unser Organismus ist in der Lage, extreme Leistung zu erbringen und in die höchste Anspannung zu gehen. Als Gegenpol muss die Möglichkeit zum Wiederaufbau der Kräfte gegeben sein. Das funktioniert nur mit Entspannung, zum Beispiel im Schlaf.

MERKE

Entspannung ist mehr als Ruhe.
Ein ruhender Körper ist nicht automatisch entspannt.

In allen Kulturen gibt es Techniken, um eine innere Gelassenheit zu erzeugen und die Regeneration des Organismus zu intensivieren. Dazu gehören Meditation, Yoga, Hypnose, autogenes Training, Qui Gong oder Tai Chi. Tanzen und kreatives Handeln wie Malen und Schreiben bringen ebenfalls Entspannung. Die Regeneration wirkt auf Körper, Geist und Seele. »Spannung und Entspannung«, sagt Karl Jaspers, »ist eine vom Biologischen bis zur Seele und zum Geist gehende Polarität.«

Die meisten Übungen folgen einem Prinzip, das man als Gedankenablenkung bezeichnen kann. Indem ich meinen Gedanken einige ganz einfache, ausfüllende Dinge zu tun gebe, kann der innere Monolog aus Ängsten, Wünschen, Erinnerungen oder Unerledigtem zum Stillstand gebracht werden. Die Gedanken werden auf etwas anderes konzentriert und sind dann zu beschäftigt, um ihr gewöhnliches Geschnatter fortzuführen. Bei allen Techniken bringt regelmäßiges Üben die besten Erfolge. Der Körper wird gewissermaßen konditioniert, indem er immer wieder dieselben (beruhigenden) Erfahrungen macht. Dadurch springt er bei Aufregungen nicht sofort an, er bleibt cool und gelassen. Das ist dann die Kunst der Selbstbeherrschung – im Gegensatz zur Fremdbestimmung.

Ich beschreibe ein paar Techniken, mit denen Sie in kurzer Zeit in eine Entspannung kommen können. Probieren Sie es aus. Nicht jede Übung macht jedem Spaß, finden Sie heraus, womit Sie sich wohl fühlen.

ÜBUNG: RÜCKWÄRTS IN DIE ENTSPANNUNG ZÄHLEN

Es gibt eine Fülle von Techniken, die mit der Vorstellung einer Skala arbeiten. Stellen Sie sich mal eine Skala vor, die oben eine Zehn hat und unten eine Eins. Die Zehn bedeutet, eine höhere Anspannung, die Eins bedeutet Entspannung. Die Idee ist nun, sich von der Anspannung zur Entspannung runterzuzählen.

Und so geht es:

Betrachten Sie vor Ihrem inneren Auge die Position Zehn. Verharren Sie ein paar Atemzüge auf dieser Position und beschließen Sie dann, eine Stufe niedriger – in Richtung Entspannung – zu gehen. Verharren Sie ein paar Atemzüge bei der Neun und beschließen Sie dann, wieder eine Stufe niedriger zu gehen ... bis Sie bei eins angekommen sind. Konzentrieren Sie sich eine Weile auf das gute Gefühl, das Sie jetzt haben. Wenn Sie sich jetzt noch weiter entspannen möchten, fangen Sie einfach wieder bei zehn an und wiederholen Sie die Übung.

Diese Übung können Sie noch durch eine bildhafte Vorstellung ergänzen: Schreiten Sie eine Treppe hinunter und diese Treppe führt Sie in eine Landschaft oder in einen Garten, in dem Sie eine Weile bleiben möchten. In Ihrer Fantasie können Sie sich dann diesen Ort ausmalen.

ÜBUNG: DER 180-GRAD-BLICK

Unsere Augen sind nicht nur ein optisches Instrument, sie sind Teil des Gehirns und wesentlich am Denken beteiligt. Wer unruhige Gedanken hat, hat auch unruhige Augen. Das heißt umgekehrt, wenn wir unsere Augen ruhig stellen, dann beruhigt sich der Geist. Wenn Sie diese Übung beherrschen, können Sie sie überall in Wartesituationen

– z. B. in der Schlange an der Supermarktkasse – anwenden und Ihre Zeit so sinnvoll nutzen.

Und so geht es:

Strecken Sie Ihre Hände nach vorne in Augenhöhe aus. Betrachten Sie sie. Bewegen Sie jetzt die Hände ganz langsam nach außen, bis sie waagerecht zu den Seiten nach außen zeigen und mit den Ohren eine Linie bilden. Das ist mit 180 Grad gemeint. Während Sie diese Bewegung ausführen, starren die Augen geradeaus und nehmen die Bewegung in den Augenwinkeln wahr. Sie fokussieren nicht mehr scharf, sondern schauen quasi durch die Dinge hindurch und entspannen sich dabei. Es entsteht der so genannte Tranceblick. Wenn Sie es eine Weile geübt haben, können Sie auf Anhieb diesen Tranceblick einstellen.

ÜBUNG: DEN ATEM ZÄHLEN

Bei Stress und Anspannung geht der Atem schneller und flacher, die Energieversorgung ist dadurch schlechter. Langsameres und bewussteres Atmen führt automatisch zu einer tieferen Atmung. Allerdings sollten Sie nicht absichtlich den Atem steuern wollen, meistens bringt das die Atmung durcheinander. Besser ist es, den Atem beobachtend wahrzunehmen, ihn einfach kommen und gehen lassen. Das Zählen der Atemzüge verlagert die Konzentration auf das Zählen, sodass die Atmung wie nebenbei geschieht. Dabei reguliert sich der Atem ganz von selbst.

Und so geht es:

Zählen Sie in Gedanken die Atemzüge. Sie zählen von eins bis vier und fangen dann wieder von vorne an. Am besten zählen Sie mit der Ausatmung. Sie atmen ein und atmen aus und zählen: eins. Wieder einatmen ... und ausatmen ... zwei ... einatmen ... ausatmen ... drei ... einatmen ... ausatmen ... vier ... Dann fangen Sie wieder bei eins an. Konzentrieren Sie sich auf das Zählen. Beobachten Sie, wie der Atem durch den Körper fließt. Wenn sich andere Gedanken einschleichen oder das Innerste einfach weiterzählt – ... fünf ... sechs ... sieben ... – , kehren Sie immer wieder behutsam zur Wahrnehmung des Atems zurück und zählen Sie die Atemzüge. Das Atemzählen wird durch Übung immer leichter.

ÜBUNG: GEDANKEN ZIEHEN DAHIN ...

Diese Übung kommt aus der buddhistischen Tradition. Die Grundidee: Wenn ich frei bin von Gedanken, bin ich im Kontakt mit meinem klaren, unendlichen Geist. Damit Sie sich das vorstellen können, benutzen Sie die Metapher vom unendlichen, klaren, weiten Himmel (= Geist) und die Gedanken beflecken den Geist wie Wolken den Himmel.

Mit dem Satz »Gedanken ziehen wie Wolken dahin …« ist gemeint, dass irgendwann nur noch der freie Himmel zu erkennen ist. Dem Ungeübten passiert es am Anfang, dass die Wolken überhaupt nicht verschwinden wollen und immer neue entstehen. Im Laufe der Zeit klappt es immer besser.

Und so geht es:

Sich ruhig hinsetzen, Augen schließen. Die Gedanken beobachten. Sich bewusst machen, dass alles nur Denken ist und dass dieses Denken den inneren Zustand erzeugt (Freude, Zorn, Angst, Aktionismus …). Die Gedanken kommen lassen, als solche erkennen und sie wieder gehen lassen. Nichts bewerten. Gleichmut oder Gelassenheit haben, das ist die Kunst. Durch Übung kann man es lernen. Um das noch zu unterstützen, kann man bildhafte Vorstellungen hinzunehmen:

Gedanken zählen:

Der Gedanke kommt – eins – der Gedanke geht. Der Gedanke kommt – zwei – der Gedanke geht. Der Gedanke kommt – drei – …

Gedanken loslassen:

Der Gedanke kommt – Luftballon nehmen, den Gedanken dranhängen, loslassen. Der nächste Gedanke kommt – Luftballon nehmen, Gedanken dranhängen, loslassen. Der nächste Gedanke kommt – Luftballon nehmen, Gedanken dranhängen, loslassen …

ÜBUNG: KOPF- UND GESICHTSENTSPANNUNG

Ähnlich wie beim autogenen Training wird hier die Aufmerksamkeit auf Körperteile gerichtet. Die Gedanken konzentrieren sich auf das Fühlen und schweifen dadurch weniger ab. Die meisten Verspannungen sitzen im Kopf und in den Sinnesorganen. Wenn Sie diese Übung ausprobieren, machen Sie bei den Punkten eine kleine Pause und konzentrieren Sie sich dabei gedanklich einen Moment auf den angesprochenen Körperbereich.

Und so geht es:

Der ganze Kopf entspannt sich jetzt noch mehr … der Hinterkopf … der Oberkopf … die Kopfhaut … die Haare … die Stirn ist gelöst und entspannt … auch die Augenbrauen und die Schläfen entspannen sich … und der Raum zwischen den Augenbrauen entspannt sich … öffnet sich

... weitet sich ... und die Augen ruhen sich aus ... auch der Raum hinter den Augen entspannt sich ... und füllt sich mit Ruhe ... und die Wangen entspannen sich ... auch die Ohren entspannen sich ... ziehen sich zurück von den Geräuschen ... kommen zur Ruhe ... und der Mund entspannt sich ... die Lippen ... die Mundhöhle ... die Zunge ruht ganz locker in der Mundhöhle ... und auch der Unterkiefer ist ganz locker und entspannt ... und auch die Nase entspannt sich jetzt ... und die Nase ist ganz frei und weit ... ganz gelöst und entspannt ... und ich spüre den Atem ... wie er kommt ... wie er geht ... ganz von allein ... alles ist ganz ruhig ... jede Zelle des Körpers füllt sich mit Ruhe ... auch die Gedanken kommen zur Ruhe ...

DER ZEN-MEISTER

Es kamen einmal ein paar Suchende zu einem alten Zen-Meister.
»Herr«, fragten sie, »was tust du, um glücklich und zufrieden zu sein? Wir wären auch gerne so glücklich wie du.« Der Alte antwortete mit mildem Lächeln: »Wenn ich liege, dann liege ich. Wenn ich aufstehe, dann stehe ich auf. Wenn ich gehe, dann gehe ich und wenn ich esse, dann esse ich.« Die Fragenden schauten etwas betreten in die Runde. Einer platzte heraus: »Bitte, treibe keinen Spott mit uns. Was du sagst, tun wir auch. Wir schlafen, essen und gehen. Aber wir sind nicht glücklich. Was ist also dein Geheimnis?«
Es kam die gleiche Antwort: »Wenn ich liege, dann liege ich. Wenn ich aufstehe, dann stehe ich auf. Wenn ich gehe, dann gehe ist und wenn ich esse, dann esse ich.« Die Unruhe und den Unmut der Suchenden spürend fügte der Meister nach einer Weile hinzu: »Sicher liegt auch Ihr und Ihr geht auch und Ihr esst. Aber während Ihr liegt, denkt Ihr schon ans Aufstehen. Während Ihr aufsteht, überlegt Ihr, wohin Ihr gehen wollt, und während Ihr geht, fragt Ihr Euch, was Ihr essen werdet. So sind Eure Gedanken ständig woanders und nicht da, wo Ihr gerade seid. In dem Schnittpunkt zwischen Vergangenheit und Zukunft findet das eigentliche Leben statt. Lasst Euch auf diesen nicht messbaren Augenblick ganz ein und Ihr habt die Chance, wirklich glücklich und zufrieden zu sein.«
(Verfasser unbekannt)

ERNST SEIN MACHT KEINEN SPASS

Jetzt wird es Ernst: Wie mache ich jemandem klar, dass es schwächt, wenn man ernst ist? Ernsthaftigkeit hat in unserer Gesellschaft einen sehr hohen Stellenwert. Das Gegenteil ist Spaß. Eine Gesellschaft, die nicht nur ernst sein will, nennt man »Spaßgesellschaft«, und damit wird Spaß diskriminiert. Wenn etwas Spaß macht, ist es im Wertesystem der anderen weniger wert. Gute Zensuren in einem Fach, das man gern hat, an dem man also Spaß hat und das einem deshalb leicht fällt, werden geringer geschätzt. »Hart erarbeitet« ist wertvoller als »leicht gefallen« – bei gleichen Ergebnissen.

In Wirklichkeit ist Dauerernst eine Krankheit. Es ist ein emotionsloser und freudloser Zustand. Man nennt ihn Unzufriedenheit. Auf jeden Fall führt Ernst dazu – oder soll dazu führen –, dass man Situationen voll unter Kontrolle hat. Das heißt nicht, dass Situationen gelöst werden. Nein, sie werden nur dauernd bewertet. Das nennt man Problemorientierung. Ganz ernst wird das Problem fixiert, analysiert und kategorisiert. Die Lösung des Problems ist nicht so wesentlich. Wenn ein Problem verschwindet, wird oft sofort ein neues Problem gefunden. Wer problemorientiert ist, verliert das Lachen.

HUMOR KANN MAN ÜBEN, LACHEN KANN MAN LERNEN

Der Ernst ist weiter vom Leben entfernt als der Humor! Es ist eine Lebenskunst, schwierige oder unangenehme Situationen auch von der humorvollen Seite zu betrachten. Hilfreich sind folgende Fragen: Wie z. B. würde man in zwei Jahren über diese Angelegenheit denken? Wie würde man sie später den Enkelkindern erzählen?

Die Geschichten anders erzählen

Eine Möglichkeit, den eigenen Humor zu fördern, besteht darin, unangenehme oder peinliche Situationen einmal von der humorvollen, ulkigen Seite zu betrachten. Das gibt uns die Möglichkeit, Distanz herzustellen.
Überzeichnen Sie unangenehme Situationen: Machen Sie sie noch schlimmer, noch grotesker, noch peinlicher – und Sie werden entdecken: So entstehen Geschichten, die das Ganze in einem anderen Licht erscheinen lassen. Stellen Sie sich vor, wie Sie später Ihren Enkelkindern diese Geschichte erzählen werden.

ÜBUNG: LÄCHELN

Beim Lächeln drücken »Lächel«-Muskeln auf bestimmte Nerven, die einen angenehmen Zustand im Körper auslösen. Das funktioniert sogar, wenn das Lächeln unecht ist. Zwanzig Sekunden lächeln genügen und schon reagiert der Körper darauf positiv. Eine Übung, die Sie einfach öfters machen sollten – sie erhält die gute Laune. Vor Besprechungen, vor anstrengenden Telefonaten ist ein vorangehendes Lächeln – das man dann gern beibehalten kann – sehr wirksam. Übrigens: Wer lächelt, kann nicht gleichzeitig die Zähne zusammenbeißen!

Wir können von Kindern lernen

Kinder können uns das Lachen beibringen. Sie lachen natürlich und ungeniert und ansteckend. Kinder kennen den »absichtlichen« Humor noch nicht. Dafür können sie umso herzhafter und mitreißender über Dinge lachen, die wir gar nicht so komisch finden. Kinder lachen deutlich häufiger, im Durchschnitt 200 Mal am Tag, Erwachsene dagegen finden nur 15 Anlässe am Tag.

Wann haben Sie zuletzt herzhaft, so richtig gelacht? Manchmal merkt man gar nicht, dass man längere Zeit nicht mehr gelacht hat oder mal richtig unbefangen und albern war.

Lachen Sie häufiger absichtlich. Verstärken Sie Ihr Lachen. Lassen Sie es allmählich lauter und tiefer werden – aus dem Bauch heraus! –, bis Ihr Körper sich wieder an gesundes Lachen gewöhnt hat und es von alleine macht. Wenn Sie keinen Grund zum Lachen haben, lassen Sie sich Witze erzählen, gehen Sie ins Kino, schauen Sie sich Leute an und entwickeln Sie Fantasien, die Sie zum Lachen bringen! Am Anfang wird Ihr ernster Verstand sich dagegen sträuben. Klar. Beobachten Sie das mit Schmunzeln.

Der Arzt Norman Cousins beschreibt in seinem Buch »Der Arzt in uns«, wie er sich durch Lachen von einer Krankheit heilte, von der seine Ärzte sagten, sie sei unheilbar. Da er glaubte, dass die Krankheit dadurch beschleunigt wurde, dass er das Leben zu ernst nahm, meinte er, dieser Zustand müsse umkehrbar sein. So begann er, sich selbst zu beobachten und sich dann von seinem Ernst zu befreien. Das ist ihm gelungen, der Humor hat ihn geheilt. Er lernte, wieder Lachen und Freude in sein Leben zu holen. Zunächst besorgte er sich Filme und Videos mit einem hohen Humorfaktor. Er schaute sich alles an, von den Marx Brothers bis zur »Versteckten Kamera«.

Welchen Humor haben Sie?

Legen Sie sich eine Humorsammlung zu. Sammeln Sie Witze, Fotos, Texte, Erlebnisse, die Sie lustig finden. Dann haben Sie einen Fundus, auf den Sie zurückgreifen können. Machen Sie es wie Norman Cousins. Sammeln Sie Videos, CDs, DVDs mit Humorfaktor. Und Sie bleiben gesund.

DIE LETZTEN WORTE DES RABBI

Ein berühmter Rabbi liegt auf dem Sterbebett.
Hunderte von Schülern haben sich versammelt, um Zeugen seiner letzten Worte zu sein. Schließlich fasst sich der hingebungsvollste Schüler ein Herz, beugt sich über ihn und fragt flüsternd: »Rabbi, bitte geht nicht, ohne uns ein letztes Wort der Weisheit zu schenken.« Eine Weile herrscht Stille, dann bewegen sich die Lippen des Rabbi und er flüstert: »Das Leben ist wie ein Glas Tee.«
Der Schüler wiederholt die Worte der Weisheit, sodass alle anderen sie hören können. Alle wiederholen ehrfürchtig die Worte des Rabbi: »Das Leben ist wie ein Glas Tee.« Sie sind aber insgeheim verwirrt. Schließlich wagt einer der Schüler zu fragen: »Frag ihn, warum das Leben wie ein Glas Tee ist?« Die meisten Schüler nicken: »Ja, frag ihn warum.«
Der hingebungsvollste Schüler beugt sich wieder zum Meister und flüstert: »Warum, oh Meister, ist das Leben wie ein Glas Tee?« Da zuckt der Rabbi die Achseln und flüstert mit seinem letzten Atemzug: »Na gut, dann ist es eben nicht wie ein Glas Tee.«
(Nach Bonder)

AUF DEM RÜCKZUG

Wenn etwas auf uns einwirkt, möchten wir darauf angemessen reagieren können. Dann fühlen wir uns wohl. Gelingt uns das nicht, werden wir geschwächt durch das, was auf uns einwirkt. Wir ziehen uns zurück. Es ist wie ein Zusammenziehen, sich kleiner machen, kleiner werden, unsichtbar werden. Daraus ergeben sich dann weitere Rückzüge. Wenn wir schon so zusammengezogen sind und es wirkt wieder etwas auf uns ein, können wir uns noch schlechter angemessen verhalten. Wir werden hierdurch immer schwächer und ziehen uns noch mehr zurück. Eine Spirale nach unten.

EINGESCHLOSSEN

Ich habe mein ganzes Leben in einer Kokosnuss zugebracht. Es war eng und dunkel, besonders morgens, wenn ich mich rasieren musste. Was mich aber am meisten bedrückte, war der Umstand, dass ich keinen Kontakt zur Außenwelt aufnehmen konnte. Wenn nun niemand da draußen die Kokosnuss fand und sie aufschlug, war ich dazu verurteilt, mein ganzes Leben in einer Kokosnuss zuzubringen. Vielleicht würde ich sogar in der Kokosnuss sterben müssen.
Ich starb in dieser Kokosnuss. Zwei Jahre später fand man die Kokosnuss, öffnete sie und fand mich ganz klein und eingeschrumpelt darin. »Welch ein Jammer«, sagten die Leute.

»Hätten wir sie nur früher gefunden, dann hätten wir ihn vielleicht retten können. Aber wollen wir sehen, ob es nicht noch mehr Menschen gibt, die ebenso in Kokosnüssen eingeschlossen sind.« So machten sie sich auf den Weg und schlugen alle Kokosnüsse auf, die sie fanden. Aber vergeblich: Es hatte keinen Sinn; es war reine Zeitverschwendung. So einen Idioten, der sich entschließt, in einer Kokosnuss zu leben, gibt es nur einmal unter einer Million. Aber wissen Sie was? Ich konnte ihnen leider nicht mehr sagen, dass ich einen Schwager habe, der in einer Eichel lebt.
(Von Gustavson)

PERSÖNLICHES WACHSTUM

Wachsen bedeutet, mehr werden, aus sich herauskommen. Durch Wachstum kommen wir IN die Welt. Weil wir leben, verbrauchen wir Energie und Stoffe. Damit wir uns dabei nicht selbst verbrauchen, benötigen wir ständig Stoffe von außen: Wasser, Nahrung, Sauerstoff. Wir leben durch die Fähigkeit, dass wir fremde Stoffe aufnehmen und sie zu dem umwandeln, woraus wir selbst bestehen. Das ist lebensnotwendig. Wir erhalten so unser Leben, ermöglichen unser Wachstum und auch die Möglichkeit, über den individuellen Bereich hinauszuwachsen und uns fortzupflanzen. Wir werden also durch unser Wachstum ein Teil von dieser Welt. Wir nehmen etwas von der Welt in uns auf und verbinden uns mit ihr.

Was für unser persönliches Wachstum wichtig ist, geht weit über die Ernährung hinaus. Wir brauchen geistige Nahrung, emotionale Befriedigung und Nähe zu anderen. Und wir brauchen so etwas wie Sinnerfüllung. Das heißt, dass wir unser Leben zunächst für uns selbst zu erfüllen haben. Jeder auf seine Weise und nicht etwa jeder für einen anderen.

Es gehört zum evolutionären Erbe von uns Menschen, dass wir uns in einer Gruppe aufgehoben fühlen und füreinander da sind. Unsere eigentliche Stärke ist nicht der Umgang mit Werkzeugen, sondern das Sozialverhalten. Das hat unsere Weiterentwicklung trotz Widrigkeiten und Gefahren garantiert. Wenn der Indianerführer Vine Deloria sagt: »Nur Stämme werden überleben«, dann meint er, dass ein Einzelner es allein nicht schaffen kann. Heute spricht man gern von sozialer Kompetenz und meint damit ein Verhalten, das die Belange der anderen berücksichtigt. Wir lernen, dass es ungehörig ist, egoistisch zu sein. Da das die Wenigsten sein mögen, glauben manche Menschen, sie dürfen sich überhaupt nicht wahrnehmen, und versuchen das Gegenteil, was bei einigen dazu führt, sich selbst zu vernachlässigen. Häufig liegt der Fehler schon in der Erziehung, wonach wir uns schämen müssen, wenn wir unser Leben für uns selbst bejahen und genießen. Dabei kann ein Sozialsystem nur gute Ergebnisse bringen, wenn jeder es nutzen kann und sowohl etwas hineingeben als auch etwas für sich selbst entnehmen kann.

»Liebe deinen Nächsten wie dich selbst.« Das kennen alle. Viele nehmen nur die erste Hälfte des Satzes wahr. So kommt es, dass manche versuchen, von sich wegzulieben. Je weniger sie sich beachten, desto mehr soll für andere dabei herauskommen? Dass wir den anderen nur in dem Maße lieben kann, wie man sich selbst liebt, das lernen wir nicht. Genau das sagt aber dieser Satz. Liebe ist der stärkste Trieb des Menschen. Es ist das größte Unglück, das uns widerfahren kann, wenn uns Liebe versagt wird. Man schämt sich, dass man sich dem anderen überlassen hat.

HELDENTUM?

Empfindlichkeit, Eitelkeit. Am Grund der menschlichen Miseren findet man meistens das. Die Eitelkeit. Den Dünkel. Die Angst, weil man aus Eitelkeit das Geschenk der Liebe nicht anzunehmen wagt. Es braucht viel Mut, sich vorbehaltlos lieben zu lassen. Mut, wenn nicht sogar Heldentum. Die meisten Menschen vermögen Liebe weder zu geben noch zu nehmen, weil sie feig und eitel sind und Angst haben. Man schämt sich, wenn man Liebe gibt, und noch mehr schämt man sich, wenn man sich dem anderen überlässt und das Geheimnis preisgibt. Das traurige Geheimnis, dass man Zärtlichkeit braucht, dass man ohne sie nicht leben kann. (Sándor Márai)

So bemüht man sich, den anderen zu zeigen, dass man Liebe, Zuwendung, Anerkennung verdient hat, indem man versucht, den anderen gerecht zu werden. Man gibt den anderen das, von dem man glaubt, es sei gut für sie. So geben Eltern ihren Kindern, was sie meinen, was die Kinder brauchen. Ehepartner geben dem jeweils anderen das, wovon sie glauben, dass er es braucht. Mitarbeiter dem Chef, Kollegen der Kollegin, Lehrer den Kindern, Kinder den Eltern …

Es braucht nicht nur Mut, sich lieben zu lassen, es braucht vielleicht noch mehr Mut, sich selbst zu lieben. Die anderen zeigen uns, wer wir sein sollen. Wir selbst müssen uns beibringen, wer wir sind, unabhängig von Meinungen und Erwartungen. Das Gefühl für den eigenen Wert ist nicht angeboren, es entsteht im Laufe des Lebens. Es setzt voraus, dass wir uns von der Umwelt abgrenzen, eine eigene Meinung über uns haben und ein eigenes Gefühl für uns selbst. Wer bin ich? Was kann ich? Was bin ich wert? Wer diese Fragen positiv beantwortet, der mag sich und akzeptiert sich selbst, so wie er ist.

Die Wertschätzung der eigenen Persönlichkeit ist erlernbar. Jeder kann es lernen. »Ich mag mich, so wie ich bin«, zu dieser Überzeugung können wir nur gelangen, wenn wir unsere Selbstakzeptanz nicht an Bedingungen knüpfen. Diese Selbstliebe hilft uns, dass wir gut auf uns selbst achten und unsere Wünsche und Bedürfnisse als wertvoll begreifen.

»ACH, WIE IST DAS ALLES FURCHTBAR!«

Wir sind nicht in der Lage, alles gleichzeitig wahrzunehmen. Unsere Sinnesorgane sind dafür nicht ausgestattet. So nehmen wir immer nur einen Teil der Welt wahr, und welcher ist das? Der Teil, der unsere Sinne reizt.

Bewusst – häufiger noch unbewusst – wählen wir die Teilbereiche aus, wir nehmen die Welt selektiv wahr: Kaufen wir uns z. B. ein neues Auto, sehen plötzlich wir nur noch diese Autos. Haben wir uns den Fuß verletzt und humpeln eine Weile, staunen wir, wie viele Leute humpeln. Wenn wir ein Kind erwarten, sehen wir nur noch Schwangere – sonst nie. Beschäftigen wir uns mit einem neuen Thema, über das wir vorher noch nie etwas gehört haben – plötzlich sind alle Zeitungen voll von diesem Thema.

Auch Erinnerungen werden selektiv ausgewählt. Laufen Sie mit einem gebrochenen Arm herum, müssen Sie sich ständig Geschichten anhören, wie der Bekannte damals mit seiner gebrochenen Schulter oder jener mit dem gebrochenen Bein … Oder Sie erzählen, was Sie mit der Hotline Ihres Telefonanbieters erlebt haben, es öffnen sich Tore der Erinnerungen und Sie hören Geschichten über Geschichten – von all den anderen schrecklichen Hotlines.

Wie wir bewusst auswählen können, zeigt eine kleine Übung.

ÜBUNG: SELEKTIVE WAHRNEHMUNG

Schauen Sie sich einmal um, dort, wo Sie jetzt gerade sind. Konzentrieren Sie sich einen Moment auf die Farbe blau. Dann werden sie feststellen, wie deutlich Sie jetzt Blau sehen. Die anderen Farben treten in den Hintergrund. Man könnte jetzt annehmen, es gäbe im Vergleich zu Blau weniger von den anderen Farben. Wenn Sie nun eine der anderen Farben auswählen, z. B. grün oder rot, dann tritt Grün oder Rot in den Vordergrund.

Dieses Phänomen wirkt sich natürlich im Alltag aus: Wie beim Fotografieren rückt etwas in den Mittelpunkt unserer Betrachtung, es wird scharf eingestellt, fokussiert. Wir nehmen dadurch diesen Bereich der Welt extrem deutlich wahr.

Wenn unser emotionales Konto im Minus ist, erleben wir die Welt ganz anders, als wenn es im Plus ist. Sind wir mit Problemen beschäftigt, dann rücken Probleme in den Vordergrund. Probleme beschäftigen uns intensiver, sie können sich dadurch vergrößern, weil wir sie ständig mit weiteren Gedanken speisen. Ist das emotionale Konto im Minus, reagieren unsere Sinne hauptsächlich auf das Negative. Wir bekommen dann den dafür typischen Tunnelblick und sehen nur rote Ampeln. Beim Einkaufen sehen wir unter hundert leckeren Tomaten die eine schlechte. Alle nehmen uns den einzigen freien Parkplatz weg. Man will jemanden anrufen und da ist sowieso ständig besetzt. Man geht in eine Verhandlung und glaubt, »die wollen mich nur über den Tisch ziehen«. Wie immer: Im Minus ist die Grundhaltung feindselig.

Diese Gedanken – verstärkt durch innere Monologe – beeinflussen unsere Gefühle und steigern die schlechte Befindlichkeit. Geschieht das unbewusst, erkennen wir nicht, dass es unsere Gedanken sind, mit denen wir Menschen und Situationen zum Schlechten beeinflussen. Wir glauben, nur die anderen seien schuld, wenn es nicht so klappt, wie wir es wünschen. Dass wir selbst einen Teil dazu beitragen, ist gerade bei schlechter Stimmung nicht zu verstehen. Tatsächlich ziehen wir durch eine Minushaltung das Minus von anderen an. Das Negative rückt in den Vordergrund, weil wir es verstärkt wahrnehmen. Wenn durch gedankliches Wiederkäuen, Nachtragen und Beleidigtsein die schlechte Laune aufrechterhalten wird, dann ist es ungesund.

»ACH, WIE IST DAS ALLES WUNDERBAR!«

Geht es uns gut und ist unser emotionales Konto im Plus, erleben wir dieselbe Welt anders. Das ist keine Einbildung, sondern es begegnen uns andere Teile der Welt, weil wir sie jetzt wahrnehmen. Wir sind ruhiger und gelassener und ziehen entsprechende Situationen an. Wir haben eine Sogwirkung auf das Angenehme. Es geschieht, ohne dass es erwartet wird. Wir gehen vielleicht einen Weg entlang, halten einen Moment inne und schauen. Da raschelt und mauzt es im Gebüsch und eine Katze nimmt Kontakt zu uns auf, lässt sich eine Weile streicheln und geht wieder ihren Weg. Woher wissen Katzen, wer Katzen mag? Oder man wird von einer fremden Person angelächelt. Auch Menschen merken, wenn ihnen freundliche Menschen begegnen.

Die große Kunst besteht darin, das emotionale Konto bewusst ins Plus bringen. Das lernen wir nicht. Manche lehnen es sogar tatsächlich ab. So habe ich einmal von jemandem gehört: »Das mache ich dann absichtlich? Das habe ich mir dann ja nur ausgedacht.« So ist es. Wir können uns etwas ausdenken und dadurch kann es geschehen. Was wir nicht denken können, ist nicht in der Welt – in unserer Welt. Das hat eine große Faszination. Schauen Sie sich einmal an, was alles von Menschen gemacht ist. Da, wo Sie jetzt gerade sind, ist alles (außer den Pflanzen, Menschen und den Haustieren), was Sie jetzt sehen, vorher von einem Menschen gedacht worden. Nur deshalb ist es da. Es würde nicht existieren, wenn es nicht vorher in eines Menschen Kopf einen ersten Gedanken gegeben hätte. Diese Gedanken waren die Zeugungsmomente all dessen, was Sie jetzt sehen. So sind Werkzeuge, Gegenstände, Kultur und Kunst entstanden.

Ist das nicht faszinierend? Dadurch, dass wir MIT ABSICHT an etwas denken, können wir die Welt gestalten. Probieren Sie es aus. Was möchten Sie erzeugen? Was soll sich in Ihrem Leben verwirklichen?

ICH SAMMLE GRIECHEN

Ich sammle Griechen. Heute sind wir bei Dimitros. Ich feiere hier meinen Geburtstag. Bei Dimitros sind Säulen an die Wände gemalt. Und zwischen den Säulen kann man weit über das Meer schauen, es gibt Inseln, Berge und Häuser, weiß getüncht, mit blauen Fenstern und blauen Türen. Und vor den Häusern sind die Wege mit Steinen belegt, die Fugen zwischen den Steinen weiß umrandet, sieht aus wie Patchwork. Ich liebe Griechenland. Ich war noch nie dort. Eines Tages werde ich dieses Land besuchen.

Heute feiere ich bei Dimitros. Ich kenne viele Griechen in München. Ich habe alles aufgeschrieben, was ich erlebt habe und was das Besondere bei jedem ist. Ich möchte einen Restaurantführer herausgeben über Griechen in München.
Heute bin ich 24 geworden. Ich habe meine Lebenserwartung schon acht Jahre überlebt. Als ich auf die Welt kam, gaben die Ärzte mir 16 Jahre. Mein 16. Geburtstag war der schlimmste Tag meines Lebens. Ich wusste nicht, was passieren wird. Es ist nichts passiert – von da ab zählte ich meine Geburtstage neu. So feiere ich heute gleichzeitig den achten – in einem zweiten Leben.
Hier bei Dimitros kennen sie mich. Sie geben mir einen besonderen Platz, denn mein Rollstuhl passt nicht an jeden Tisch, manchmal stört er die anderen Gäste. Hier nicht, hier bekomme ich den großen Tisch, alle meine Freunde haben Platz und auch meine Familie – meine Eltern, meine Schwester, mein Onkel.
Ich bin so aufgeregt und so glücklich. Heute merke ich kaum das Lederkorsett, das mich zusammenhält. Es sorgt dafür, dass ich aufrecht sitzen kann, sonst würde mein Körper zusammenfallen, meine Muskeln sind nicht stabil genug. Manchmal hasse ich dieses Korsett, wenn es scheuert und drückt. Am unerträglichsten ist dieses Jucken. Meine Hände können die juckenden Stellen nicht erreichen. Ich habe es gelernt, andere zu fragen, damit sie das mit meinem Körper machen, was ich selbst nicht kann. Auch nachts, wenn ich mich auf die andere Seite drehen will – allein kann ich es nicht. Dann muss ich jemanden von der Familie wecken, der es für mich tut.
Am schlimmsten ist das Jucken, denn es kommt nach drei Minuten wieder, aber man kann nicht alle drei Minuten jemanden fragen. So habe ich unendlich viele Tricks entwickelt, wie ich mich ablenken kann, wenn es juckt.
Ich habe jetzt schon den fünften Rollstuhl und jeder ist toller als der, den ich vorher hatte. Ich weiß noch, wie ich mit elf Jahren den ersten bekam. Da war ich der Star in unserer Siedlung. Elf Jahre und ein elektrischer Rollstuhl! Natürlich wollten alle Kinder den ausprobieren. Wir hatten unglaublich viel Spaß. Dieser hier hat eine verbesserte Technik. Der Wendekreis ist besonders klein und ich kann ihn fast mit einem Finger steuern. Außerdem hat er endlich eine Lackierung in wunderschönen Farben – türkis und blau wie Griechenland – nicht dieses langweilige Grau.
Mit diesem Rollstuhl kann ich tanzen. Meine Freunde bei Dimitros machen tolle Musik. Live. Mit Busuki, Akkordeon und Gitarre. Sie haben die Tische beiseite gerückt. Es ist viel Platz für mich. Die anderen Gäste gucken verlegen. Ich liebe diese Musik. Ich rolle auf meinen Platz, den sie mir frei gemacht haben, und tanze mit meinem Rollstuhl.
Und dann stehen langsam die anderen Menschen auf, auch die fremden – ich kenne das. Sie bilden einen Kreis, stehen erst da und gucken. Dann klatschen sie zur Musik, dann beginnen sie, sich im Rhythmus zu bewegen. Fremde Menschen fassen sich an die Hände, erst zögernd, dann entschlossen, dann vertraut. Und jetzt tanzen alle den griechischen Tanz. Und ich in ihrer Mitte. Mein Geburtstag.

ÜBUNG: GEDANKEN UND IHRE BEDEUTUNG

Wir selbst gestalten unsere Wirklichkeit und unsere Lebensumstände. Auch unsere sinnlichen Wahrnehmungen werden gedanklich verarbeitet. Wenn wir an ein fröhliches Ereignis denken, sind wir fröhlich. Denken wir an eine Enttäuschung, erleben wir die Enttäuschung noch einmal. Jede Erfahrung speichert unser Gedächtnis. Über unsere Gedanken können wir die Erfahrung aus dem Gedächtnis wieder aktivieren.

Und so geht es:

Alles, was ich sehe, hat die Bedeutung, die ich ihm gegeben habe.
Betrachten Sie ein paar Dinge, die Sie jetzt gerade sehen, und sagen Sie sich dabei:
Der Schrank hat die Bedeutung, die ich ihm gegeben habe.
Das Buch hat die Bedeutung, die ich ihm gegeben habe.
Der Himmel hat die Bedeutung, die ich ihm gegeben habe.
Der Ring hat die Bedeutung, die ich ihm gegeben habe.

Alles, was ich höre, hat die Bedeutung, die ich ihm gegeben habe.
Achten Sie jetzt eine Weile auf alles, was Sie hören, und sagen Sie sich dabei:
Der Verkehrslärm hat die Bedeutung, die ich ihm gegeben habe.
Das Zwitschern der Vögel hat die Bedeutung, die ich ihm gegeben habe.
Die Musik hat die Bedeutung, die ich ihr gegeben habe.

Alles, was ich besitze, hat die Bedeutung, die ich ihm gegeben habe.
Denken Sie jetzt eine Weile an das, was Ihnen gehört, und sagen Sie sich dabei:
Meine Wohnung hat die Bedeutung, die ich ihr gegeben habe.
Mein Auto hat die Bedeutung, die ich ihm gegeben habe.
Mein Geld hat die Bedeutung, die ich ihm gegeben habe.

Alles, was ich tue, hat die Bedeutung, die ich ihm gebe.
Denken Sie jetzt eine Weile an Handlungen und Tätigkeiten, und sagen Sie sich dabei:
Dass ich hier lese, hat die Bedeutung, die ich dem gegeben habe.
Meine Arbeit hat die Bedeutung, die ich ihr gegeben habe.
Wenn ich meine Eltern anrufe, hat das die Bedeutung, die ich dem gegeben habe.

Alles, was ich erlebe oder erfahre, hat die Bedeutung, die ich ihm gebe.
Beschäftigen Sie sich mit einigen Erlebnissen oder Erfahrungen und sagen Sie sich dabei:
Das Geschenk hat die Bedeutung, die ich ihm gegeben habe.
Der Streit mit dem Freund hat die Bedeutung, die ich ihm gegeben habe.
Die Ausstellung hat die Bedeutung, die ich ihr gegeben habe.
Die Familienfeier hat die Bedeutung, die ich ihr gegeben habe.

Alles, was ich empfinde, hat die Bedeutung, die ich ihm gebe.
Beschäftigen Sie einen Moment mit Ihren Emotionen, und sagen Sie sich dabei:
Die Freude hat die Bedeutung, die ich ihr gegeben habe.
Die Enttäuschung hat die Bedeutung, die ich ihr gegeben habe.
Die Neugierde hat die Bedeutung, die ich ihr gegeben habe.

Alles, was ich denke, hat die Bedeutung, die ich ihm gebe.
Beobachten Sie eine Weile Ihre Gedanken und sagen Sie sich:
Dieser Gedanke hat die Bedeutung, die ich ihm gegeben habe.

DRITTENS

WIE WIR UNS IN GESELLSCHAFT SCHWÄCHEN ODER STÄRKEN

03

WER SIND DIE ANDEREN?

WISSEN SIE, worüber sich die Menschen die meisten Gedanken machen? Die meisten Gedanken kreisen nicht etwa um Tod oder Liebe, nicht um den Verlust des Arbeitsplatzes oder um Geld. Alles kreist letztlich nur um die eine Frage: Was denken die anderen? Danach richten wir unser Handeln aus.

Das beinhaltet die Suche nach den Regeln: Wie funktionieren die anderen? Wie reagieren sie auf mich? Die reden, reden, reden; erklären, erklären, erklären; schweigen, schweigen, schweigen. Schwierig, sich da zu orientieren. Wir müssen etwas herausfinden, damit wir im Leben zurechtkommen. Kaum haben wir etwas herausgefunden, ändern sich wieder die Regeln. Das sind die Denksportaufgaben des Lebens. Die anderen sind immer viele. Ich stehe denen gegenüber. Ich bin allein, die anderen sind der ganze Rest. Potenziell können die anderen Feinde oder Freunde sein. Diesen Unterschied herauszufinden, ist gar nicht so einfach.

Bei allem, was wir im Leben kennen lernen, sind unsere Sinne ununterbrochen bemüht, die Regeln zu erkennen, nach denen die Welt funktioniert. Die Regeln ergeben sich zum Teil aus unseren Erfahrungen, die wir mit den Dingen machen. Wir lernen schnell, dass es wehtut, wenn wir gegen einen Tisch laufen. Diese Regel gilt für alle Tische. Wir lernen schnell, dass wir uns den Mund verbrennen, wenn wir die Suppe zu heiß essen. Das gilt für alles Heiße. Wir lernen auch den Umgang mit Menschen. Die ersten Menschen, mit denen wir intensivere Erfahrungen machen, sind unsere Eltern. Sie bringen uns außerdem einige wichtige Lebenstechniken bei. Den Umgang mit der Sprache, Hygiene, wie man mit Messer und Gabel isst, Höflichkeit. Die Erfahrungen in unserer Ursprungsfamilie machen wir zu Regeln. Wir glauben, dass sie für alle gelten. Nun sind die anderen Menschen nicht wie Tische oder heiße Suppen und es dauert meistens ein Leben lang, um die Regeln, nach denen andere handeln, herauszufinden. Wir bemerken schnell, dass ihr Handeln etwas mit ihrem Denken zu tun hat, woraus sich die spannende Frage ergibt: »Was denken die anderen?« Es ist aber ein Irrtum zu glauben, wir könnten erkennen, was die anderen denken, indem wir darüber nachdenken. Das Ergebnis sind immer nur unsere eigenen Fantasien über die möglichen Gedanken anderer. Was könnten die denken? Immer nur das, was wir selbst gerade gedacht haben. Die Denkfalle: Wir selbst denken uns etwas aus, und wann das Ausgedachte negativ ist, sind wir dem anderen böse. Wir verwechseln unser Ausgedachtes mit der Wirklichkeit. Wir glauben, dass es stimmt, was wir denken. In Wirklichkeit denken wir selbst gerade böse über den anderen. All das, was ich denke, sind MEINE eigenen Gedanken. Auch wenn ich in meinen Gedankenexperimenten die anderen sozusagen als Spielfiguren benutze, bleiben es immer noch meine Gedanken. Manchmal ist es bequem, all die bösen Gedanken den anderen zuzuschreiben und nur die guten für sich selbst zu reservieren.

MERKE

Was andere denken, ist vollkommen unwichtig.

Das Nachdenken über die Gedanken anderer führt immer nur zu Spekulationen. Wir können niemals Gedanken von anderen lesen, nur unsere eigenen. Was andere denken könnten, ist immer etwas, das wir uns selbst ausdenken, deshalb also vollkommen unwichtig in der Beziehung zu den anderen. Es führt zu nichts, höchstens zu Irrtümern. Also können wir damit aufhören.

Das Verhalten anderer kann bei uns positive oder negative Reaktionen auslösen. In diesem Abschnitt geht es darum, zunächst an einigen Alltagsbeispielen zu zeigen, wie andere uns schwächen können. Dem stelle ich einige Anregungen gegenüber, wie man darauf anders reagieren könnte oder was man anders machen könnte. Experimentieren Sie, lassen Sie sich anregen, seien Sie kreativ und neugierig auf weitere Möglichkeiten, die Ihnen dazu noch einfallen.

Wie immer beim emotionalen Konto ist es sinnvoll, die eigenen Grenzen herauszufinden: Was uns gut tut, sollten wir wiederholen. Was uns schadet, sollten wir meiden. Je mehr Zeit wir mit dem verbringen, was wir wollen, desto weniger Zeit haben wir, schlechte Erfahrungen zu machen. Die Lebenszeit ist begrenzt.

Die Beispiele sind Anregungen, damit Sie sensibler auf Ihre persönlichen Reaktionen achten. Das Ziel dieses Buches ist niemals, andere zu schwächen, sondern nur Sie als Leser auf die Tücken des Alltags aufmerksam zu machen. Dann können Sie inneren Bewertungen erkennen und sich entsprechend so einrichten, dass gute Erfahrungen möglich sind. Wenn es Ihnen gut geht, vermindern sich automatisch die störenden Alltagserfahrungen. Das emotionale Konto kommt immer mehr ins Plus und Sie sind eine Freude für sich selbst und ziehen Menschen und Situationen an, die gut für Sie sind. Alles Negative prallt dann sozusagen von ihnen ab, weil Ihre gute Laune sie schützt.

SCHÜCHTERNHEIT

Der Schüchterne betreibt aktive Selbstentwertung. Wenn man ihm sagt, er stelle sein Licht unter den Scheffel, dann nickt er und ist beinahe stolz darauf. Er merkt vielleicht gar nicht, welch eine absurde Handlung das ist. Stellen Sie sich das mal bildlich vor. Da gibt es ein Licht. Vielen fällt eine Kerze ein. Jetzt nimmt der Schüchterne die Kerze und stellt sie unter den Scheffel. Was soll das? Und was ist ein Scheffel? Das ist ein altes Hohlmaß für große Mengen, rund fünfzig bis dreihundert Liter. Es war ein landwirtschaftliches Maß für Getreide. Bei einer guten Ernte mit vielen und großen Körnern konnten damit viele Scheffel gefüllt werden. Scheffeln bedeutet daher, etwas in seinen Besitz bringen, auch schaffen leitet sich davon ab.

Schüchterne haben gelernt, das Geschaffene mit Ablehnung zu belegen: »Ich will nicht so ein Angeber sein.« – »Ich bin doch kein Prahlhans.« – »Das können andere viel besser als ich.« – »Ich höre lieber zu.« – »Ich nehme mich nicht so wichtig.« Sie wollen kein Mittelpunkt sein, nicht stolz sein, sich nicht nach vorne bringen. Diese Selbstreduzierung wird gelobt und als Wert erlebt. Wie es in den Poesiealben stand: »Sei wie das Veilchen im Moose, bescheiden, sittsam und still – und nicht wie die stolze Rose, die immer bewundert sein will.« So weit so gut. Bis hierher könnte es noch Sinn machen.

Dann müsste sich der Schüchterne eher wohl fühlen mit seinem Tun. Er fühlt sich aber gar nicht wohl in seiner Haut. Schüchternheit ist ein sehr unangenehmes Gefühl, weil das emotionale Konto im Minus ist. Das innere Bedürfnis stimmt nicht mit den äußeren Handlungen überein. Das nennt man Hemmung. Irgendetwas ist da in der Erziehung falsch gelaufen oder falsch verstanden worden. Wahrscheinlich wussten schon die Eltern nicht, was sie tun müssen, damit sie wahrgenommen werden. Auch sie haben es möglicherweise nicht gelernt, auf andere zuzugehen. Sie haben gelernt, andere zu meiden.

Herr Traut-sich-nicht hat das Bedürfnis, sich mit einem Kollegen anzufreunden – er traut sich nicht, auf ihn zuzugehen und die Freundschaft zu beginnen. Nun bekommt er nicht, was er sich wünscht und empfindet das natürlich als Mangel. Und dazu liefert er sich die Erklärung: »Ich will mich nicht aufdrängen. Wenn er es will, wird er sich melden. Wahrscheinlich hat der gar kein Interesse an mir.«

Jemand hat etwas zu sagen, ist wirklich kompetent in seinem Fach. Im Meeting sagt er nichts – weil er sich nicht traut. Sein innerer Dialog erklärt ihm vielleicht Folgendes: »Die haben doch alle gar keine Ahnung. Wieso muss ich mir jedes Mal diesen Unsinn anhören. Die wissen genau, dass ich der Spezialist bin. Warum fragen die mich nicht?«

Frau Scheu ist zu einer Vernissage eingeladen und hat Angst vor all diesen Menschen, weil sie nicht weiß, wie sie sich verhalten soll. Im inneren Dialog erklärt sie sich, warum sie nicht hingehen soll: »Die reden nur Smalltalk. Die meisten kennen mich gar nicht und werden mich deshalb nicht vermissen. Da steht man nur den ganzen Abend herum und keiner fühlt sich wohl.«

Herr Kleinmacher ist zu einer Party eingeladen. Er geht zwar hin, aber so fühlt er sich dabei: »Der Abend war ganz schrecklich. Keiner weiß, was ich durchgestanden habe. Das Hemd ist durchgeschwitzt, die Hände auch, ein Glas zu halten, eine Qual. Und dann die Leute: Was die für Unsinn reden. Und dafür opfert man seine Zeit.«

Frau Unter-dem-Scheffel will ihren Kunden anrufen, weil sie ihm etwas Interessantes anbieten will – sie traut sich nicht. Ihr innerer Dialog: »Der hat sowieso kein Interesse. Das ist ihm wahrscheinlich viel zu teuer. Wahrscheinlich störe ich ihn, wenn ich jetzt anrufe.«

In all den inneren Dialogen finden sich vorwiegend Negativaussagen: Die können das nicht, das ist Mist, was die machen. Die verstehen das nicht. Die denken nur an sich selbst. Und was können wir daraus schließen? Der Schüchterne denkt zutiefst feindselig über die anderen. Schüchtern kommt etymologisch von scheuchen, scheu und wurde zunächst von Tieren gesagt und später auf Menschen übertragen. Wer sich verscheucht fühlt, erlebt sich als Opfer und entwickelt eine negative Einstellung zu den anderen. So wird der Umgang mit anderen Menschen immer schwieriger. Es wird vermieden, anderen Menschen in die Augen zu schauen. Es kommt die Angst, mit anderen Leuten zu reden. Die Hemmung zu essen, wenn andere zuschauen. Die Unfähigkeit, über eigene Gefühle zu sprechen. Man vermeidet immer mehr Situationen. Das moderne Wort für Schüchternheit heißt Sozialphobie. Inzwischen gilt es bereits als Krankheit.

Was der Schüchterne nicht erkennt: Schüchtern sein ist bequem – man muss keine Unterhaltung anfangen, sich keine Gedanken über andere machen, sich keine Gesprächsthemen zurechtlegen. Man muss nicht bereitwillig auf Fragen reagieren. Man braucht nicht für Kontaktangebote offen zu sein. Man kann sich alles aus der Nase ziehen lassen. Man kann dicht machen oder sich mehrfach bitten lassen. Man kann sich bedienen lassen. Man kann alles, was geschieht, herablassend bewerten und schon verbrüdert sich die Schüchternheit mit der Arroganz. Schüchternheit ist ein passiv-aggressives Verhalten. Der Schüchterne scheucht dadurch Menschen von sich weg, denen er so gerne nahe wäre.

WIE MAN SICH DEN ANDEREN NÄHERT

»Umuntu ngumuntu ngabantu«, lautet ein Sprichwort der Zulu in Südafrika: »Ein Mensch ist ein Mensch durch andere Menschen.« Jeder Mensch hat ein Urbedürfnis, von anderen wahrgenommen zu werden. Afrikaner bestätigen das auf besondere Weise: Sie begrüßen sich mit »Sawu bona«, das heißt: »Ich sehe dich.« Die Antwort lautet: »Sikbona« – »Ich bin da.«

Manche erinnern sich schmerzlich an die schlimmste Strafe: schweigen und nicht wahrgenommen werden. Wir existieren durch die Wahrnehmung anderer. Wenn wir nicht gesehen werden, sind wir nicht da. Wenn wir uns unsichtbar machen, können wir nicht gesehen werden. Fast alle wissen, dass man deswegen sein Licht nicht unter den Scheffel stellen soll. Woher kommt nun die Redensart vom Licht und vom Scheffel? Sie steht in der Bibel: »Ihr seid das Licht der Welt. Eine Stadt, die auf einem Berge liegt, kann nicht verborgen bleiben. Auch zündet man kein Licht an und stellt es unter den Scheffel, sondern auf den Leuchter. So leuchtet es allen im Hause.« (Matthäus) – »Und er sprach zu ihnen: Zündet man etwa ein Licht an, um es unter den Scheffel oder unter die Bank zu setzen? Keineswegs, sondern um es auf den Leuchter zu setzen. Denn es ist nichts verborgen, was nicht offenbar werden soll, und ist nichts geheim, was nicht an den Tag kommen soll.« (Markus) – »Niemand zündet ein Licht an und setzt es in einen Winkel, auch nicht unter einen Scheffel, sondern auf den Leuchter, damit, wer hineingeht, das Licht sehe.« (Lukas)

So ist dem Schüchternen zu empfehlen, sich zu zeigen und sich den Menschen zuzuwenden. Wer sich versteckt, macht sich unattraktiv für andere. Es gibt keinen Grund, sich von den Menschen zurückzuziehen.

TIPP

Zeigen Sie sich und Sie werden gesehen. Sie wollen doch gesehen werden?

Üben Sie, Kontakt zu Menschen aufzunehmen. Suchen Sie Gelegenheiten – und nutzen Sie sie. Trainieren Sie in Alltagssituationen: Grüßen Sie regelmäßig Ihre Kollegen und Mitarbeiter. Sprechen Sie mit der Zeitungsfrau. Machen Sie eine Bemerkung in der Warteschlange des Supermarktes. So lernen Sie Hemmungen zu überwinden und Sie machen die Erfahrung, dass die meisten sich gern ansprechen lassen. Es geht Ihnen sicher häufig so, dass auch Sie denken, die oder der braucht mich nur anzusprechen …

Ein bisschen Schüchternheit steckt in jedem von uns. Machen Sie den Anfang. Lernen Sie, wie man Kontakt zu Unbekannten aufnimmt.

DEN FUCHS ZÄHMEN

»Ich kann nicht mit dir spielen«, sagte der Fuchs. »Ich bin noch nicht gezähmt!« – »Ah, Verzeihung!«, sagte der kleine Prinz. Aber nach einiger Überlegung fügte er hinzu: »Was bedeutet zähmen?« [...] »Zähmen, das ist eine in Vergessenheit geratene Sache«, sagte der Fuchs. »Es bedeutet, sich ‚vertraut machen'.« – »Vertraut machen?« – »Gewiss«, sagte der Fuchs. »Noch bist du für mich nichts als ein kleiner Junge, der hunderttausend kleinen Jungen völlig gleicht. Ich brauche dich nicht und du brauchst mich ebenso wenig. Ich bin für dich nur ein Fuchs, der hunderttausend Füchsen gleicht. Aber wenn du mich zähmst, werden wir einander brauchen. Du wirst für mich einzig sein in der Welt. Ich werde für dich einzig sein in der Welt ...« [...] »Ich möchte wohl«, antwortete der kleine Prinz, »aber ich habe nicht viel Zeit. Ich muss Freunde finden und viele Dinge kennenlernen.« – »Man kennt nur die Dinge, die man zähmt«, sagte der Fuchs. »Die Menschen haben keine Zeit mehr, irgendetwas kennen zu lernen. Sie kaufen sich alles fertig in den Geschäften. Aber da es keine Kaufläden für Freunde

gibt, haben die Leute keine Freunde mehr. Wenn du einen Freund willst, so zähme mich!« – »Was muss ich da tun?«, sagte der kleine Prinz.
»Du musst sehr geduldig sein«, antwortete der Fuchs. »Du setzt dich zuerst ein wenig abseits von mir ins Gras. Ich werde dich so verstohlen, so aus dem Augenwinkel anschauen und du wirst nichts sagen. Die Sprache ist die Quelle der Missverständnisse. Aber jeden Tag wirst du dich ein bisschen näher setzen können ...«
[...] So machte denn der kleine Prinz den Fuchs mit sich vertraut. Und als die Stunde des Abschieds nahe war: »Ach!«, sagte der Fuchs, »ich werde weinen.« – »Das ist deine Schuld«, sagte der kleine Prinz, »ich wünschte dir nichts Übles, aber du hast gewollt, dass ich dich zähme ...« – »Gewiss«, sagte der Fuchs.
(Antoine de Saint-Exupéry)

Machen Sie sich mit Unbekanntem vertraut

Antoine de Saint-Exupéry beschreibt in diesem Gespräch zwischen dem kleinen Prinzen und dem Fuchs, was man tun muss, um Kontakt zu finden oder wenn man – wie der kleine Prinz dem Fuchs – jemanden begegnet und mit ihm spielen will.

ÜBUNG: LERNEN SIE SMALLTALK!

Nie wieder mit feuchten Händen das Weinglas festhalten. Nie wieder verzweifelt nach einem Thema suchen. Nie wieder ein verlegenes Ähem und Einsilbigkeiten. Smalltalk. Ein Reizwort für Schüchterne. »Das ist so etwas von oberflächlich!« Richtig. Genau das soll es sein.
Es sind Annäherungsgespräche mit Fremden. Wollen Sie etwa mit Fremden sofort in die Tiefe gehen und mit ihnen über ihr Einkommen oder sexuelle Vorlieben oder Religion sprechen? Es ist eine Kunst, oberflächlich zu sein. Das hilft in Wahrheit, gegenseitiges Vertrauen herzustellen, weil im Vorfeld des Kennenlernens Kränkungen ausgespart werden. Es ist eine Form der Höflichkeit. Bei Vorstellungsgesprächen bekommt in der Regel der bessere Smalltalker den Job.
Smalltalks sollen eine Unterhaltung ohne längere Bekanntschaft möglich machen. Wenn es noch keine Vertrauensbasis gibt, ist das ein Vorteil. Man kann sich in Gespräche hineinbegeben – und sich wieder entfernen, ohne dass man jemandem zu nahe kommt.
Wie kommen Sie nun mit Unbekannten in Kontakt? Sie sind vielleicht auf eine Party oder zu einem Empfang eingeladen und kennen niemanden. Übrigens: Fast alle haben Angst, Fremde anzusprechen. Schauen Sie sich erst einmal um, Sie haben viel Zeit. Beobachten Sie erst einmal. Setzen Sie sich nicht unter Druck. Vielleicht kommt jemand auf Sie zu. Wenn Sie mit jemandem reden wollen, lächeln Sie ihn an und fragen Sie einfach: »Und welche Beziehung haben Sie zu dem Gastgeber?« – »Wie sind Sie zu dieser Einladung gekommen?« – »Ich bin das erste Mal hier, Sie auch?« – »Waren Sie schon in der Küche? Da gibt es sehr leckere Lachsbrötchen.«

Nicht sehr intelligent? Darum geht es nicht, Sie praktizieren Smalltalk und machen keinen Intelligenztest. Wenn Sie zu jemanden Guten Tag sagen, ist es gleichfalls nicht intelligent. Es geht darum, auf einfachste Weise in Kontakt zu kommen. Sie werden erleben, dass Sie auf jeden Fall eine Antwort bekommen, und sofort haben Sie ein Gespräch.

Weitere geeignete Themen:
Wetter und Ankunft: Beides liegt unmittelbar zurück – die Parkplatzsuche; die Sonne, die ins Fenster scheint; die Dekoration. Da kann jeder mitreden!
Urlaub und Reisen sind immer eine gutes Thema. So ergeben sich schnell Erinnerungen, über die man sich herrlich austauschen kann.
Kultur: Kino, Theater, Konzerte, Musik, Restaurants. Erzählen Sie, was Sie zuletzt erlebt haben, ob es Ihnen gefallen hat und fragen Sie, was der andere davon hält.
Beruf: Legen Sie sich ein paar Standardfragen zurecht (»Da haben Sie sicher mit vielen verschiedenen Menschen zu tun« – »Der Umgang mit Zahlen gefällt Ihnen?« »Sind sie da häufiger unterwegs?«) und spinnen Sie die Unterhaltung von dort weiter.
Kinder und Hobbys: Exzellentes Gesprächsthema, wenn Sie auf Gleichgesinnte treffen.
Sportereignisse: Dafür muss man kein Fußballfan sein! Wenn die Nationalmannschaft gegen eine andere gewonnen oder verloren hat, ist das immer ein schöner Einstieg. Jemand entpuppt sich als Fußballfan? Bestens! Fragen Sie ihn aus! Lassen Sie sich die neuen Regeln oder einen Hattrick erklären.
Erzählen Sie von sich: Offenbaren Sie etwas von sich. Nur eine Kleinigkeit, z. B. dass sie gerne Eis essen oder kochen oder Skat spielen – schafft Vertrauen.
Beachten Sie die Schlagzeilen in der Zeitung: Jede größere Headline ist geeignetes Material für einen Smalltalk.
Ein guter Satzanfang ist das Wörtchen *und:* »... und was verbindet Sie mit dem Gastgeber?« – »... und wie haben Sie Ihren letzten runden Geburtstag gefeiert?« – »... und was ich Sie noch fragen wollte ...«
Tabus: Denken Sie daran – Smalltalk ist ein »kleines Gespräch«. Angenehm und harmlos. Deshalb sollten Themen wie Politik, Religion, Geld, Krankheiten ausgelassen werden.
Und noch etwas: Ein kleines Gespräch soll auch zeitlich klein sein. Sie können jederzeit aussteigen. (»Oh, ich möchte jetzt noch mal mit dem Gastgeber sprechen.« – »Ich gehe noch mal in die Küche.« – »Entschuldigen Sie mich eine Weile.«) Und woanders können Sie jederzeit wieder neu einsteigen (siehe oben).

ÜBUNG: SO HALTEN SIE AUGENKONTAKT!

Eine weitere wichtige Fähigkeit, um mit anderen in Kontakt zu kommen, ist der Augenkontakt. Wenn Sie mit jemandem sprechen, sollten Sie ihn ansehen. »Sawu bona« – »Ich sehe dich.« Sprechen Sie mit zwei Leuten, sollten Sie darauf achten, dass Sie nicht nur immer die eine Person anschauen, sondern auch die andere. Das ist gar nicht so einfach. Denn manchmal ist es einfach so, dass nur die eine Person spricht und die andere nur zuhört. Wenn Sie die zuhörende Person immer wieder anschauen, fühlt sie sich wahrgenommen.

Das hört sich einfach an, ist es aber nicht. Was können Sie tun, wenn Sie zu einem Empfang eingeladen sind, wo Sie niemanden kennen? Wie können Sie es anstellen, dass Sie dazugehören? Manche gehen einfach zu einer Gruppe plaudernder Menschen und stellen sich dazu.
So können Sie es auch machen. Nicht sofort. Schauen Sie sich aus sicherer Entfernung an, bei welcher Gruppe Sie sein möchten. Gehen Sie langsam näher an die Gruppe heran. Hören Sie, worüber sie sprechen. Dann üben Sie Augenkontakt, schauen Sie alle an, nicken Sie einem der Beteiligten zu, bis Ihnen selbst ein Gedanke kommt. Sprechen Sie ihn aus und nun gehören Sie dazu. Sie können in der Gruppe bleiben oder sich eine andere aussuchen.
Oder beobachten Sie eine Weile, wer die Kunst des Augenkontakts beherrscht. Manche können es, sie schauen in die Runde, jeder bekommt einen freundlichen Blick. Andere Menschen schauen immer nur eine einzige Person an. Entweder sehen sie nur den Menschen, den sie kennen, oder sie gucken immer auf die Person, die gerade spricht. Manchmal hat man das Gefühl, man wird übersehen oder es wird durch mich hindurch gegesehen. Es beherrscht eben nicht jeder den Augenkontakt. Aber Sie können es üben, wo immer Sie sind: auf der Straße, in den Geschäften, am Arbeitsplatz.

GROSS UND KLEIN

Sagt der Rabbi zum Arroganten:
»Mach dich nicht so groß, so klein bist du doch gar nicht.«
Sagt der Rabbi zum Schüchternen:
»Mach dich nicht so klein, so groß bist du doch gar nicht.«
(Verfasser unbekannt)

EIN BRAVES KIND VERLANGT NICHTS

Ein braves Kind verlangt nichts. Und bekommt auch nichts. Ein braves Kind sieht das große Stück Kuchen. Ihm läuft das Wasser im Munde zusammen, aber es ist »schön brav«, wenn es dieses Bedürfnis zügeln kann, und keiner merkt, dass der Körper innerlich schreit: »Nimm es, nimm es … SOFORT.« Wenn das Kind das nicht tut, sondern brav wartet, bis die anderen dran sind, wird es gelobt und bestätigt und es lernt, dass es sich lohnt, die eigenen Bedürfnisse weniger wichtig zu nehmen. Es gehört zum Sozialverhalten, dass wir in der Lage sind, auch die Bedürfnisse der anderen zu sehen. Wenn wir das ausgeglichen erlebten, dass einmal die anderen etwas bekommen und dann wieder wir selbst, wäre das in Ordnung. Meistens sieht es aber so aus, als ob wir dafür sorgen müssten, dass die anderen bekommen, was sie wollen, und wir verzichten müssten. Da kann doch etwas nicht stimmen.

Manchmal führt das so weit, dass die Bedürfnisse der anderen höher geschätzt werden als die eigenen. Durch Sanktionen, Druck und Strafen lernen wir, die Bedürfnisse der anderen schneller zu erkennen als die eigenen. Und wir lernen, diese Bedürfnisse höher zu schätzen, sie wichtiger zu nehmen als unsere eigenen.

Wozu ist das gut? Zunächst ist es gut, wenn man von diesen anderen abhängig ist. Die entscheiden, ob sie uns Zuwendung geben: »Braves Kind. Gut gemacht.« So wird bestätigt, dass wir richtig sind. Wenn wir richtig sind, werden wir aufgenommen in den Kreis der anderen – wir gehören dazu.

Anders ist es, wenn wir falsch sind und sie uns kritisieren. Sie könnten uns ausstoßen. Wir fühlen uns nicht mehr zugehörig. »Wie konntest du nur, mich so blamieren«, hören wir oder: »Das macht man nicht. Schäm dich.« Das geschieht nicht nur verbal. Es sind nicht die Worte, die uns treffen, sondern das damit verbundene Verhalten: kein Blickkontakt, entsetzliches Schweigen, Abwendung, man steht in Anwesenheit der anderen allein da. Als Kind hat man deutlich das Gefühl, dass die anderen die Macht haben, einen verschwinden zu lassen.

Die Illusion, irgendwann durch ständigen Verzicht etwas zu bekommen, ist eine Lebenslüge. Es ist nicht schwer, sie zu erkennen und sich von ihr zu befreien. Das Einzige, was man nämlich für den Verzicht bekommt, sind Lob und Bestätigung für den Verzicht. Später bekommt man auch das nicht mehr. Und noch später droht die Gefahr, dass wir vergessen, dass es etwas gibt, das wir haben wollen.

Die etwas weniger braven Kinder sind hartnäckiger. Sie probieren, ob sie irgendwie an den Kuchen kommen können. Sie riskieren einen Tadel oder eine Strafe. Vielleicht fangen sie sich Kritik ein, leiden aber nicht so sehr darunter. Durch stetiges Experimentieren erkennen sie irgendwann, dass ein bestimmter Blick, ein Ton, eine Haltung dazu führt, dass man nicht ausgestoßen wird. So entwickeln sich Nehmer. Und schon gibt es zwei unterschiedliche Gruppen: schnelle Verzichter und schnelle Nehmer. Die Helfer und die Bedürftigen. Das Kind, das nur brav ist und nichts verlangt, ergänzt sich gut mit dem anderen Typ, der immer haben will.

Im weiteren Laufe des Lebens entsprechen andere Dinge, Ereignisse oder Wünsche dem Kuchen. Dann geht es darum, dass man eine Freundin nicht bekommt und der/die andere bekommt sie. Oder einen Job, ein Geschenk, eine Wohnung – die anderen bekommen es, wir nicht. Wir lernen, dass es für uns manche Dinge nicht gibt, sie jedoch für die anderen da sind. Obwohl wir es uns leisten könnten, kaufen wir uns keinen maßgeschneiderten Anzug, kein größeres Auto, keinen guten Wein. Da ist manchmal immer noch diese innere Stimme, die sagt: »Für dich nicht!«

Wenn Sie wissen wollen, ob Sie zu denen gehören, die eher verzichten als bekommen, dann lesen Sie folgende Aussagen. Falls einige davon zu Ihrem Standardrepertoire gehören, dann sollten Sie darüber nachdenken, wie Sie Ihr emotionales Konto ins Plus bringen:

»Ich bin immer für die anderen da, wenn ich selbst mal jemanden brauche, ist keiner für mich da.« – »Immer ich.« – »Ich wünsche mir nichts.« – »Das bringt sowieso nichts.« – »Wenn die was wollen, wissen sie ganz genau, wen sie fragen müssen.« – »Meine Tür steht immer offen.« – »Zu mir kann man jederzeit kommen.« – »Ich kann nicht Nein sagen.« – »Wenn ich nicht helfe, dann tut es doch keiner.« – »Hinterher denke ich manchmal: Wie konntest du nur …« – »Ich will nicht so ein Egoist sein, der nur an sich selbst denkt.« – »Man kann doch nicht einfach zuschauen, wie es den anderen schlecht geht.« – »Einer muss sich ja opfern.«

Verzicht erzeugt Mangelerlebnisse, wo sie nicht nötig sind. Was Sie dagegen machen können, erfahren Sie im nächsten Kapitel.

DAS KANN MAN LERNEN: KLARE FORDERUNGEN STELLEN

Worum geht es? Sie wollen etwas haben. Jemand soll Ihnen etwas geben. Das können Handlungen sein, das können materielle Dinge sein. Der Partner soll seine Schuhe wegräumen, den Müll wegbringen, die Kinder sollen die Handtücher nicht auf den Boden werfen, Sie wollen ins Kino eingeladen, bekocht oder verwöhnt werden, einmal einen Blumenstrauß bekommen, der Chef soll Ihnen eine Gehaltserhöhung geben, die Sekretärin soll etwas für Sie erledigen …

Wie macht man das? Als Erstes muss die Forderung klar formuliert werden. So klar, dass die damit verbundene Handlung erkennbar ist. Nur dann kann die Handlung vollzogen werden. Hier werden häufig Fehler gemacht. Der Erzieher sagt z. B.: »Ihr sollt die Handtücher nicht immer auf den Fußboden schmeißen.« Was ist die Handlung? Was ist die innere Antwort, die ein Kind dazu findet? Es sagt vielleicht: »Stimmt, habe ich wieder vergessen.« Ändern tut das nichts.

Stellen Sie sich vor, Sie würden im Supermarkt zur Verkäuferin sagen: »Sie sollen die Tomaten nicht ins Regal packen« und in Wirklichkeit meinen Sie, dass Sie ein Kilo Tomaten haben möchten. Glauben Sie, die Verkäuferin wüsste, was Sie wollen?

Andere Beispiele: »Wie oft habe ich gesagt, die Handtücher sollen nicht auf den Boden geschmissen werden?« – Die innere Stimme des Kindes denkt: »Bestimmt hundert Mal.« Das war's, die Handtücher bleiben auf dem Boden.

»Kannst du nicht einmal den Müll wegbringen?« – Innere Stimme des Partners: »Das habe ich mehr als einmal getan.« Der Müll bleibt, wo er ist.

»Wieso kochst du eigentlich nie für mich mal etwas Leckeres?« – Innere Stimme: »Weiß ich auch nicht.« Es wird nichts gekocht.

»Ich möchte auch einmal ins Kino eingeladen werden.« – Innere Stimme: »Ich auch.« Ergebnis: Keine Einladung folgt – für niemanden.

»Könnten Sie mir diesen Brief schreiben?« – Innere Stimme: »Ja.« Ergebnis: Zum Feierabend ist der Brief immer noch nicht geschrieben.

»Chef, ich finde, ich könnte mal wieder mit einer Gehaltserhöhung dran sein.« Innere Stimme vom Chef: »Wieder?« Ergebnis: Keine Gehaltserhöhung.

Wie macht man es nun, damit es erfolgreich wird? Die erste Frage muss lauten: Was genau soll denn wirklich passieren? Geht es Ihnen wirklich darum, dass zukünftig die Handtücher dort sind, wo Sie sie haben wollen? Oder geht es darum, dass Sie den anderen mitteilen wollen, dass sie sowieso nichts kapieren? Oder wollen Sie eine Gelegenheit haben, Ihrer Wut freien Lauf zu lassen? Weil Sie jetzt gerade Ärger hatten und jetzt eine Spannungsabfuhr brauchen? Trifft letzteres zu, dann können Sie sicher sein, dass Ihre Kinder, Ihr Partner etc. das zulassen. Sie geben Ihnen täglich die Chance, Druck abzulassen, indem sie Ihnen die Handtücher präsentieren. Ihre Mitmenschen wissen nämlich, dass das, was wirklich wichtig ist, von Ihnen auch durchgesetzt wird. Schließlich liegen auch keine Lebensmittel auf dem Boden. Warum? Weil es klar ist, dass die dort nicht hingehören. Das muss nicht ständig diskutiert werden. Um Lebensmittel gäbe es nicht so ein tägliches Theater. Denn: Wie haben Sie es hingekriegt, dass keine Lebensmittel auf dem Fußboden liegen? Sie haben wahrscheinlich von Anfang an klargestellt, wo sie hingehören.

Zu den Handtüchern:

Wo sollen sie hin? Haben die einen festen Platz? Ja, dann sagen Sie es. Und zwar so deutlich, dass Sie – und auch die Kinder – diese Handlung vor dem inneren Auge »sehen« können: »Die Handtücher bitte auf den Haken hängen.« – »Leg bitte das Handtuch in den Wäschekorb.« – »Häng es auf.« Mehr nicht.

Ich weiß, was Sie jetzt denken. »Das funktioniert nicht.« Oder: »Ich habe alles ausprobiert.« Wirklich ALLES? Wenn *alles* nicht klappt, kann es sein, dass Sie etwas Wichtiges übersehen haben. Wenn Sie wirklich ein Ergebnis wollen, dann sollten Sie so lange probieren, bis es klappt. Oder sind Sie ernsthaft der Überzeugung, dass es keine Möglichkeit gibt, Kindern beizubringen, was Sie mit Handtüchern machen sollen?

Was Sie noch berücksichtigen sollten: Wenn Sie feststellen, dass das Handtuch auf dem Boden liegt, und erst Stunden später – z. B. nach der Schule – überfallen Sie ihr Kind mit dem Text (siehe oben: »Immer …«), das bringt nichts. Formulieren Sie Ihr Anliegen zeitnah am Ereignis. Zeitnah heißt, wenn das Kind das Bad verlässt, unmittelbar zu sagen: »Bitte hänge das Handtuch auf.« Wenn nichts geschieht, überlasse ich es Ihrem Temperament, wie es weitergeht.

Sehr erfolgreich ist das Prinzip der Wiederholung: »Bitte hänge das

Handtuch auf.« Sie wiederholen Ihr Anliegen (und nur dieses) so lange, bis es erfüllt wird. Das gibt Ihnen die Möglichkeit, sich ganz viel Zeit zu nehmen. Es muss nicht sofort geschehen, es reicht, wenn das Kind ab morgen das Handtuch aufhängt.

Bei der Sekretärin:
»Können Sie mir diesen Brief schreiben?«

»Ja.« (Da passiert noch nichts, die Sekretärin hat nicht den fertigen Brief vor ihrem inneren Auge, sondern nur ihr Können, ihn zu schreiben.)

»Bis wann schaffen Sie es?«

»Bis morgen.«

»Ich hätte ihn gern heute. Können Sie es heute noch schaffen?«

»Ja.«

»Bis wann?«

»Bis 16.00 Uhr.« Jetzt hat sie den fertigen Brief vor Augen. Ergebnis: Sie bekommen heute den Brief.

Zum Partner:
»Es wäre mir ein Hilfe, wenn du den Müll wegbringst. Kannst du das bitte tun?«

»Ja.« (Irgendwann wird das eventuell einmal der Fall sein …)

»Kannst du das noch vor dem Essen erledigen?«

»Ja.«

»In zwanzig Minuten ist das Essen fertig. Schaffst du es noch vorher?«

»Ja.« Ergebnis: Er/sie macht es.

Kinobesuch:
»Ich habe einen Wunsch an dich.«

»Ja?«

»Ich möchte gern mit dir ins Kino gehen und ich wünsche mir, dass du mich einlädst.«

»Was du nicht sagst!«

»Wirklich, ich möchte gern mit dir ins Kino und ich möchte obendrauf, dass du mich einlädst.«

»Und wie heißt der Film?«

»›Die lange Nacht‹.«

»Muss das dieser Film sein oder gibt es noch einen anderen?«

»Es gibt noch ›Tiger und Taiga‹.«

»Den würde ich gern sehen. Okay«

»Und wann gehen wir?«
»Am Freitag?«
»Okay.«
»Besorgst du die Karten?«
»Ja.« Nun ist die Einladung perfekt.

MERKE

Die anderen können nicht wissen, was Sie wollen.
Sie müssen Ihre Wünsche sichtbar machen, damit die anderen – Partner, Eltern, Kollegen, das Universum oder Gott – verstehen, was Sie wollen.
Erst wenn Wünsche ausgesprochen wurden, sind sie in der Welt.
Die Welt hat dann das Vergnügen, sie Ihnen zu erfüllen.

WIE KINDER IHRE WÜNSCHE VERFOLGEN

Ein unverdorbenes Kind hat die Fähigkeit, seine Wünsche permanent zu wiederholen und jedes NEIN als Ermunterung zu erleben, um den Wunsch zu wiederholen. Das Barbie-Puppen-Prinzip oder das Pistolen-Prinzip. Fast alle Eltern haben bei der Geburt ihrer Kinder Grundsätze, was sie nie erlauben würden. »Ich würde meiner Tochter nie erlauben, diese Konsumterrorgeschichte mit den Barbie-Puppen mitzumachen. Die bekommt eine Käthe-Kruse-Puppe, dann wird sie lernen, was Qualität ist, und vor allem: Was guter Geschmack ist.« – »Ich würde meinem Sohn nie erlauben, eine Pistole zu haben. Wenn ich die Jungs hier in der Nachbarschaft rumballern höre und sehe, wie die sich dabei benehmen, dann weiß ich ganz genau: So soll mein Sohn nicht werden. Man sieht ja, was das für Eltern sind.«

Kaum sind die Kinder kommunikationsfähig, behelligen sie uns mit ihren Wünschen. »Die Barbie, die ist so schön.« – »Ich will keinen Fußball, ich will eine Pistole.« Wir bleiben standhaft, das ganze Repertoire unser Erziehungsgrundsätze ist uns sehr präsent – für eine Weile. Die Kinder sind stärker. Sie laden nämlich ihre Wünsche mit Seele auf. Irgendwann hat man die Barbie-Puppe so häufig gezeigt bekommen, dass das Kind einem Leid tut, dass es schon sooo lange drauf wartet. Und alle anderen Kinder haben bereits die Barbie-Pferde das Barbie-Haus und all diese Dinge. Nur man selbst ist so hart.

Irgendwann sieht man diesen entzückenden Freund seines Sohnes, der so lieb ist und so verständig und bei dem die Pistole nur ein Spielzeug ist, das zu einem Jungen dazugehört. Das macht überhaupt nicht aggressiv, im Gegenteil. So werden Wünsche erfüllt.

Was wir von Kindern lernen können: Sie bleiben ihren Wünschen treu. Sie werden nicht wütend, wenn sie länger warten müssen.

Was sind Ihre Wünsche? Was sind denn heute bei Ihnen als Erwachsener Ihre Wünsche? Was sind Ihre Barbie-Puppen oder Pistolen? Bei Ihnen geht es jetzt wohl eher um Anerkennung, Erfolg, Liebe, Zuwendung. Auch materielle Wünsche sollten Ihnen erlaubt sein. Was gibt es da, das Sie schon lange haben möchten?

Was können Sie vom Leben mit gutem Gewissen verlangen? Sie kennen die Geschichten, in denen eine gute Fee auftaucht. Es gibt drei Wünsche, die sofort erfüllt werden. Die Betroffenen sind manchmal so erschrocken, dass sie sich etwas völlig Sinnloses wünschen. Nun ist die Chance für immer vorbei. Dazu gibt es zahllose Märchen. Was will uns der pädagogische Zeigefinger damit sagen? Ich würde sagen, seien Sie vorbereitet, wenn die Feen kommen. Es laufen ständig welche herum, es gibt viele im Leben. Seien Sie nicht mit drei Wünschen zufrieden! Es sollte mehr geben. Das Leben ist lang.

Ich gebe Ihnen gleich eine schöne Aufgabe. Ich konnte beobachten, dass manch einer bei dieser Aufgabe zunächst erschrocken ist. Es geht nämlich darum, eine ganz persönliche Wunschliste zu schreiben. Diese Wunschliste hat als besonderes Merkmal, dass sie eben nicht auf drei Wünsche begrenzt ist, sondern, dass sie grenzenlos ist. Grenzenlos hinsichtlich Geld, Möglichkeiten und Zeit. Grenzenlos heißt auch hemmungslos. Seien Sie mutig.

Der Gründer von CNN (und Exmann von Jane Fonda) Ted Turner lernte von seinem Vater: »Setze dir Ziele, die du zu deinen Lebzeiten nicht erreichen kannst.« Gerade deswegen erreichte er sein Ziel, den größten TV-Sender der Welt aufzubauen.

ÜBUNG: DIE GRENZENLOSE WUNSCHLISTE

Schreiben Sie hemmungslos drauf los. Beginnen Sie mit den Worten: »Ich wünsche mir …«
Klar, dass auch der Weltfrieden und Nahrung für die Dritte Welt hier auftauchen dürfen. Aber seien Sie ehrlich: Ist es ernsthaft das, was Sie beeinflussen können? Wenn ja, dann machen Sie sich auf und tun Sie etwas Konkretes in dieser Hinsicht.
Und nun trauen Sie sich, zunächst etwas für sich selbst zu wünschen. Wenn Sie dann zufrieden und erfüllt sind, können Sie tätig werden für den Weltfrieden und für andere. Aber wenn Sie noch nicht einmal in der Gegenwart für sich selbst einige Wünsche erfüllen können, woher können Sie dann wissen, was andere brauchen?
Also noch einmal: »Ich wünsche mir …«
Es können durchaus materielle Wünsche sein, so fängt Erfüllung immer an. Dann kann es sich steigern …
Schreiben Sie alles auf, egal wie teuer, egal, ob es erreichbar ist oder nicht. Egal, was andere dazu sagen würden. Sie machen die Liste nur für sich. Und: Machen Sie es jetzt! Zu Ihrem Vergnügen.
Rechnen Sie ruhig damit, dass sich alles erfüllen kann.
Ich wünsche mir …

ÜBER PHRASENDRESCHEREI

Kennen Sie das Spiel Schwarzer Peter? Da gibt es diese eine Karte, die man auf keinen Fall haben will, denn am Ende des Spiels wird man schwarz angemalt und steht als Verlierer da. Wenn man den schwarzen Peter auf der Hand hat, muss man zusehen, dass man die Karte ganz schnell wieder los wird. Da heißt es, cool bleiben und so tun, als ob nichts wäre. Wenn keiner merkt, dass man den schwarzen Peter hat, wird man ihn leichter wieder los. Aber manchmal behält man ihn.

Kommunikation läuft gelegentlich wie dieses Spiel, man wird den schwarzen Peter nicht wieder los wird. Er bleibt an einem kleben. Hier geht es um Phrasen. Phrasen sind leere Behauptungen, man sagt gern, sie werden gedroschen – obwohl nichts drin ist, wird immer noch mal draufgehauen. Kennen Sie das? Bei komplexen Themen werden uns banale Aussagen entgegengeschleudert und wir haben dem nichts entgegenzusetzen. Die Wirkung der Phrasen liegt in der Wiederholung und der Sicherheit, mit der sie vorgetragen werden. Es sind endgültige Lebensweisheiten, die andere auf Lebensfragen parat haben. Das Ärgerliche daran ist unsere Sprachlosigkeit. Wir haben den Phrasen nichts entgegenzusetzen, obwohl wir deren Wahrheitsgehalt zutiefst ablehnen. Jede Diskussion darüber ist vergeblich. Gegenreden machen noch schwächer, denn da zeigt sich erst recht die Hartnäckigkeit der Phrasen. Irgendwie bleiben sie Sieger. Deshalb sind sie wohl so beliebt. Obwohl wir denken: »Nein, nicht schon wieder!«, arbeiten diese Lebensweisheiten in uns weiter. Wir nehmen den schwarzen Peter mit.

Hier ein paar Beispiele aus der Phrasenfamilie. Ihnen werden sicher spielend noch weitere Exemplare einfallen.

Phrasen, die als Wissensbehauptungen daherkommen:
Das macht doch alles keinen Sinn.
Von nichts kommt nichts.
Das begreift doch sowieso keiner.
Ist sowieso alles für die Katz'!
Ist doch nur Zeitverschwendung, darüber zu diskutieren.
Es ist falsch, Gefühle zu zeigen.
Jetzt auf keinen Fall nachgeben – das wäre ein Fehler!

Phrasen, die Vorurteile als Wissen verpacken:
Nichtraucher (Raucher, Mitarbeiter, Politiker) sind langweilig (undiszipliniert, faul, teuer ...)!
Ich hab etwas gegen Wichtigtuer.
Frauen kommen immer zu spät.
Lehrer haben viel zu wenig Verständnis für Kinder ...
Die Kunden wollen das.
Das ist viel zu teuer.
Phrasen, die Vorwürfe oder Herabsetzungen transportieren:
Wenn ich einmal jemanden brauche, ist keiner da.
Du würdest mir bestimmt nicht beistehen.
Damit wirst du garantiert Schiffbruch erleiden.
Das geht doch in die Hose.
Das kann nie etwas werden.
Du nervst mich.
Das kapierst du nie.
Du hast dich verändert.
Du lernst zu langsam.

Phrasen, die Unterstellungen, Mitleid, Schuldgefühle vermitteln:
Ich weiß, du findest mein Problem unwichtig.
Das interessiert dich sowieso nicht.
Du liebst mich nicht mehr, weil du mir keine Blumen mehr mitbringst.
Wenn du zusiehst, werde ich nervös.
Ich mache ja sowieso nichts richtig.
Ich muss mich immer um alles kümmern.
Ich möchte auch einmal richtig Feierabend haben.
Immer muss ich alles machen!

Phrasen mit Schuldzuweisungen – die anderen sind schuld an der Misere:
Ich weiß, die haben etwas gegen mich.
Die Leute sind nicht motiviert.
Es wird viel zu wenig Verantwortung übernommen.
Der ist ein schwieriger Mensch.
Offensichtlich mögen mich ihre Freunde nicht.
Er bringt mich zur Weißglut mit seinen Ideen!
Sie zwingt mich, mich einzuschränken.
Er macht mich krank.

WIE MAN PHRASEN ENTZAUBERT

Wenn man sich schon beim Lesen der Phrasen aufregen kann, ist man ein willkommenes Phrasenopfer. Das liegt wahrscheinlich daran, dass man erkennt, wie hohl die Phrasen sind. Man weiß trotzdem nicht, was man dem entgegensetzen kann. Das Hirn sucht noch lange nach einer richtigen Antwort und findet keine. Das erzeugt eine gewisse Störung.

Hier erinnere ich noch einmal an die Spielregel für Schwarzer Peter: Cool bleiben und die schlechte Karte so schnell wie möglich wieder los werden. In diesem Fall heißt das, man kann die Störung bei sich verhindern, indem man sie an den Phrasenerzeuger zurückgibt. Dann ist der Kopf wieder frei und der Phrasendrescher hat sein Thema zurückbekommen.

REZEPT

Das Rezept ist sehr schlicht. Es besteht im Prinzip aus nur drei Antworten:

1. Woher weißt du das?
2. Was genau meinst du damit?
3. Das habe ich jetzt nicht verstanden.

Damit können Sie jede Phrase entzaubern. Statt frustriert einzuknicken, können Sie nachfragen. Es ist nicht wichtig, dass Sie darauf Antworten bekommen. Die Wirkung ist bereits erreicht, wenn Sie sich nicht mehr damit beschäftigen müssen. Probieren Sie es bei den Phrasen aus, die Sie am meisten irritieren. Dann merken Sie, welche Nachfrage bei Ihnen am besten funktioniert. Es ist nämlich meistens so, dass Phrasen dem anderen einfach so aus dem Mund fallen. Die Gegenfrage: »Was meinst du damit!« oder: »Woher weißt du das?« führt manchmal erstmalig dazu, dass der Phrasendrescher merkt, was er da gesagt hat.

Mein Lieblingssatz heißt: »Das habe ich jetzt nicht verstanden.« Der ist so herrlich doppeldeutig. Der Phrasenerzeuger weiß jetzt nämlich nicht, ob er akustisch oder inhaltlich nicht verstanden wurde. Es grübelt in ihm, ob er jetzt eine Erklärung liefern soll oder das Gesagte wiederholen soll. Er ist in die Falle seiner eigenen Phrase getappt. Bei dieser Gelegenheit können Sie erkennen, dass solche Aussagen nichts, aber auch gar nichts mit Ihnen zu tun haben. Und dann müssen Sie sich nicht mehr darüber ärgern.

Falls Sie Ihr Repertoire an Antworten vergrößern wollen, finden Sie hier noch mehr Anti-Phrasen-Fragen:

ABWEHR VON PHRASEN IN FORM VON WISSENSBEHAUPTUNGEN

MINUS	PLUS
Das macht doch *alles* keinen Sinn. Ist sowieso *alles* für die Katz'! Von nichts kommt *nichts*.	Überrascht zurückfragen: Was? Wirklich *alles*? … *nichts*? … *keiner*?
Das begreift doch sowieso *keiner*.	Was genau macht keinen Sinn? (Statt sofort zu erklären.)
Ist doch nur Zeitverschwendung, darüber zu diskutieren.	Was genau ist daran Zeitverschwendung?
Es ist falsch, Gefühle zu zeigen.	Woher weißt du, dass das stimmt?
Jetzt auf keinen Fall nachgeben – das wäre ein Fehler!	Was genau ist der Fehler?

ABWEHR VON PHRASEN, DIE VORURTEILE ALS WISSEN VERPACKEN

MINUS	PLUS
Nichtraucher (Raucher, Mitarbeiter, Politiker) sind langweilig (undiszipliniert, faul, teuer)!	Wen meinst du jetzt speziell? Womit vergleichst du das gerade? Was bedeutet das für dich?
Ich habe etwas gegen Wichtigtuer. Frauen kommen immer zu spät. Lehrer haben viel zu wenig Verständnis für Kinder …	An welche Wichtigtuer, Frauen, Männer, Lehrer … denkst du?
Die Kunden wollen das.	Wirklich jeder Kunde? Wollen sie es wirklich?
Das ist viel zu teuer.	Womit vergleichst du das?

ABWEHR VON PHRASEN, DIE VORWÜRFE ODER HERABSETZUNGEN TRANSPORTIEREN

MINUS	PLUS
Wenn ich einmal jemanden brauche, ist keiner da. Du würdest mir bestimmt nicht beistehen.	Was hast du erlebt, dass du so etwas sagst?
Damit wirst du garantiert Schiffbruch erleiden.	Wer sagt das?
Das geht doch in die Hose.	Für wen trifft das zu?
Das kann nie etwas werden.	Woraus schließt du das?
Das kapierst du nie.	Was tue ich, das du das glaubst?
Du hast dich verändert.	Was mache ich, dass du das annimmst?
Du lernst zu langsam.	Woher weißt du das?

ABWEHR VON PHRASEN, DIE UNTERSTELLUNGEN, MITLEID, SCHULDGEFÜHLE TRANSPORTIEREN

MINUS	PLUS
Ich weiß, du findest mein Problem unwichtig.	Woran erkennst du, ob dein Problem wichtig genommen wird oder nicht?
Das interessiert dich sowieso nicht.	Woran merkst du, ob es mich interessiert?
Du liebst mich nicht mehr, weil du mir keine Blumen mehr mitbringst.	Willst du dich denn so fühlen?
Wenn du zusiehst, werde ich nervös.	Was passiert, wenn du nichts dagegen unternimmst?
Ich mache sowie nichts richtig.	Wer entscheidet, ob du etwas richtig gemacht hast oder nicht?
Ich möchte auch einmal richtig Feierabend haben.	Was ist für dich ein richtiger Feierabend?
Immer muss ich alles machen!	Wer entscheidet das?

ABWEHR VON PHRASEN MIT SCHULDZUWEISUNGEN – DIE ANDEREN SIND SCHULD AN DER MISERE

MINUS	PLUS
Ich weiß, die haben etwas gegen mich.	Was geht dir durch den Kopf, wenn du das annimmst?
Die Leute sind nicht motiviert.	Mit welchen Ergebnissen vergleichst du das gerade?
Es wird viel zu wenig Verantwortung übernommen.	An welches Erlebnis (welchen Fall, welche Person …) denkst du jetzt konkret?
Der ist ein schwieriger Mensch.	Was an ihm macht ihn schwierig für dich?
Offensichtlich mögen mich ihre Freunde nicht.	Was geht in dir vor, wenn du so etwas glaubst?
Er bringt mich zur Weißglut mit seinen Ideen!	Wie können seine Ideen bewirken, dass du zur Weißglut gebracht wirst?
Sie zwingt mich, mich einzuschränken.	Und wie zwingt sie dich?
Er macht mich krank.	Wie macht er das?

KRITIKER UND MANIPULIERER

Es gibt Sätze, die ein ungutes Gefühl auslösen. Sie beschäftigen uns längere Zeit in inneren Dialogen. Sicher kennen Sie das. Man weiß manchmal nicht genau, was passiert ist, es fühlt sich einfach nur schlecht an. Das emotionale Konto geht in die roten Zahlen. Dann handelt es sich häufig um eine Manipulation. Bei einer Manipulation geht es niemals um eine gleichberechtigte Kommunikation, sondern einer ist überlegen und der andere ist unterlegen. Der Überlegene gestaltet die Situation zu Ungunsten des Unterlegenen und fühlt sich als Gewinner. Und wie macht er das? Wodurch wird er Gewinner? Es gewinnt immer derjenige, der beim anderen Schuldgefühle erzeugt. Schuldgefühle blockieren meistens, wir wissen nicht weiter. Das erinnert an Kindheitserfahrungen, als Erwachsene uns erwischt haben, wenn wir etwas falsch gemacht haben. Damals hatten die Erwachsenen immer Recht, einfach weil sie Erwachsene waren. Als Kind kann man sich (leider) nicht dagegen wehren. So hat man nie gelernt, solche Situationen zu meistern.

Weil wir kein Rezept kennen, was man dagegen tun kann, tappen wir immer wieder in dieselbe Falle. Plötzlich fühlen wir Erwachsene uns wieder wie Kinder und es fällt uns wieder nichts ein.

Dazu ein paar typische Beispiele: Wie reagieren Sie auf diese manipulierenden Äußerungen?

Du bist immer so umständlich. – Das ist aber eine sehr komische Idee. – Immer in diesem Ton! Deine Stimme ist schon wieder … viel zu laut. – Was schaust du denn so komisch? – Das tut man aber nicht! – Wahrscheinlich hast du noch nicht mal Gewissensbisse bei dem, was du tust. – Nie rufst du an. – Das ist aber unprofessionell. – Du kannst einfach nicht mit Geld umgehen (oder Auto fahren oder verhandeln etc.). – Den Termin neulich hast du einfach vergessen. – Das siehst du falsch. – Immer hast du was zu meckern! – Das hast du falsch gemacht! – Das werde ich dir nie verzeihen. – Damit hast du mich getroffen. – Du solltest aber nicht so nervös sein, ich will doch nur dein Bestes. – Damit hast du mir richtig wehgetan. – Bleib doch mal locker! – Du siehst aber müde aus! – Da kommst du sowieso nicht mit. – Du wirst das nie lernen.

Vielleicht überlegen Sie einen Moment, wie Sie bisher auf solche Äußerungen reagiert haben.

Mit Rechtfertigungen?
Mit Entschuldigungen?
Mit innerer Wut?
Mit Schuldgefühlen?
Mit Beweisen?
Mit Gegenmanipulation?
Mit Sarkasmus?
Mit Souveränität?

Welche Antworten fallen Ihnen ein? Es ist gar nicht so einfach, auf solche Manipulationen genauso zu reagieren, dass man sich anschließend gut fühlt. Irgendwie macht immer der andere das Spiel.

DER VORWURF IST DIE ANTWORT

Die Technik heißt: »Der Vorwurf ist die Antwort.« Sie können Ihrem Kritiker gegenüber gelassen zugeben, dass er vielleicht Recht haben könnte, indem Sie die manipulierende Kritik scheinbar akzeptieren. Nun wird das Spiel nach Ihren Regeln gespielt. Sie enthalten dem Kritiker die Belohnung vor. Die wäre nämlich Ihr Zorn oder Ihre Hilflosigkeit. Paradox daran ist, dass Sie sich genau dadurch Ihre Handlungsfreiheit bewahren. So können Sie ohne Angst oder Aggressionen die Kritik ruhig und gelassen hinnehmen. Der Manipulierer hat keine Macht mehr über Sie. Sie haben mit dieser Antwortmethode die gesamte Kritik sofort vom Tisch gewischt.

HIER DIE ANTWORTVORSCHLÄGE. MEHR MÜSSEN SIE NICHT SAGEN

MINUS	PLUS
Die Kritik	**Ihre Antwort**
Du bist immer so umständlich!	Da könntest du Recht haben, dass ich umständlich bin.
Das ist aber eine sehr komisch Idee.	Finde ich auch, es ist eine sehr komische Idee.
Immer in diesem Ton!	Ja, diesen Ton brauche ich immer.
Deine Stimme ist schon wieder … viel zu laut!	Da magst du Recht haben, dass ich eine laute Stimme habe!
Was schaust du denn so komisch?	Möglicherweise schaue ich jetzt komisch.
Das tut man aber nicht.	Vielleicht hast du Recht, dass man so etwas nicht tut.
Wahrscheinlich hast du noch nicht mal Gewissensbisse bei dem, was du tust.	So ist es. Ich habe keinerlei Gewissensbisse bei dem, was ich tue.
Nie rufst du an!	Das stimmt, ich rufe wirklich selten an.
Das ist aber unprofessionell!	Und mit dieser Unprofessionalität bin ich sehr erfolgreich.

Du kannst einfach nicht mit Geld umgehen (oder Auto fahren oder verhandeln etc.)!	Da hast du möglicherweise Recht, ich kann mit Geld nicht umgehen.
Den Termin neulich hast du einfach vergessen!	Da hast du Recht, ich habe den Termin vergessen.
Das siehst du falsch.	Vielleicht hast du Recht, und ich sehe es falsch.
Immer hast du etwas zu meckern!	Möglicherweise stimmt es, was du da sagst.
Das hast du falsch gemacht.	Da könntest du Recht haben, dass ich das falsch gemacht habe.
Das werde ich dir nie verzeihen!	Ja, du wirst es wohl nie verzeihen.
Damit hast du mich getroffen.	Das merke ich. Ich habe dich wohl getroffen.
Du solltest aber nicht so nervös sein, ich will doch nur dein Bestes.	Das ist wahr, ich sollte nicht so nervös sein, wenn du mein Bestes willst.
Damit hast du mir richtig wehgetan!	Da hast du wohl Recht, dass ich dir wehgetan habe.
Bleib doch mal locker!	Ich sollte deinen Rat wohl annehmen und locker bleiben.
Du siehst aber müde aus.	Ja.
Da kommst du sowieso nicht mit!	Stimmt, ich komme nicht mit.
Du wirst das nie lernen.	Da könntest du Recht haben, vielleicht werde ich es nie lernen, ich versuche es trotzdem.

WIE MAN SICH KLEINER MACHT

Wenn es drauf ankommt, neigt manch einer dazu, sich kleiner zu machen. Viele haben gar nicht gelernt, sich gut zu präsentieren. Dann wird es jetzt Zeit, es zu üben.

Und dies sind die häufigsten Fehler:

Abwerten und Herunterspielen:
Ich hatte noch diese Unterlage und habe sie mal mitgebracht …
Ich habe mich ein bisschen vorbereitet …
Zunächst möchte ich mich entschuldigen …
Meine unmaßgebliche Meinung …
Meine Wenigkeit …

Allgemeinplätze:
Man ist der Meinung …
Man versteht das nicht …
Man glaubt allgemein …

Konjunktiv:
Man sollte hier berücksichtigen …
Man müsste eigentlich …
Man sollte in diesem Fall …
Wir würden vorschlagen …

Minusaussagen:
Ich glaube nicht, dass Sie das wissen …
Wir haben es leider nicht geschafft …
Die richtige Lösung haben wir nicht gefunden …

»Weiche« Wörter, Wischiwaschi-Wörter:
eigentlich, insgesamt, möglicherweise, eventuell, ein bisschen, allerdings, aber, theoretisch

Aussagen, die von der Betonung her ein Fragezeichen haben, obwohl keines dahin gehört:

Ich bin in meinem Unternehmen verantwortlich für den Vertrieb?
Ich arbeite seit fünf Jahren im Marketing?
Ich stelle Ihnen hier mein bestes Programm vor?
Ich möchte zehn Prozent mehr Honorar?

ZEIGEN SIE IHREN WERT

TRAGEN SIE IHRE DINGE MIT BESTIMMTHEIT UND WERTSCHÄTZUNG VOR

MINUS	PLUS
Ich hatte noch diese Unterlage und habe sie mal mitgebracht.	Ich habe Ihnen dazu eine Unterlage ausgearbeitet.
Ich habe mich ein bisschen vorbereitet.	Ich habe mich gut vorbereitet, um Ihnen das Wichtigste zu zeigen.
Zunächst möchte ich mich entschuldigen.	Ich erkläre Ihnen zunächst Folgendes:
Meine unmaßgebliche Meinung.	Meinen Standpunkt dazu kann ich wie folgt begründen:
Meine Wenigkeit …	Ich leite die Vertriebsabteilung. Ich bin zuständig für …

»Man« wirkt immer unpersönlich. »Ich« zwingt Sie, die Verantwortung für das zu übernehmen, was Sie sagen. Da Sie etwas zu sagen haben, sollten Sie den Mut zum ICH haben. Es gibt keinen Grund, sich hinter einem »man« zu verstecken.

ALLGEMEINPLÄTZE

MINUS	PLUS
Man ist der Meinung …	Ich bin der Meinung …
Man versteht das nicht …	Das habe ich nicht verstanden.
Man glaubt allgemein …	Das ist Stand der Technik.

BESSER ALS DER KONJUNKTIV (DIE MÖGLICHKEITSFORM), IST DAS PRÄSENS (DIE GEGENWARTSFORM)

MINUS	PLUS
Man sollte hier berücksichtigen …	Hier ist zu berücksichtigen …
Man müsste eigentlich …	Jetzt wird entschieden, dass
Man sollte in diesem Fall …	In diesem Fall ist es so, dass …
Wir würden vorschlagen …	Mein Vorschlag ist: …

Minusaussagen formulieren immer einen Mangel und schwächen sogar die Zuhörer oder Kunden. Das sind Aussagen, mit denen Zuhörer demotiviert werden, weil sie nichts damit anfangen können.

BESSER SIND KONKRETE AUSSAGEN

MINUS	PLUS
Ich glaube *nicht*, dass Sie das wissen …	Sie wissen sicher, dass …
Wir haben es leider *nicht* geschafft …	Es war eine schwere Aufgabe, nächste Woche haben wir das Ergebnis …
Die richtige Lösung haben wir *nicht* gefunden …	Wir arbeiten noch an der optimalen Lösung …

»WEICHE« WÖRTER UND WISCHIWASCHI-WÖRTER

MINUS	PLUS
eigentlich, insgesamt, möglicherweise, eventuell, ein bisschen, wahrscheinlich, allerdings, aber, theoretisch	Am besten ganz weglassen.

Bei Fragezeichensätzen erfordert es etwas Übung, herauszuhören, was gemeint ist. Besonders in unsicheren Situationen, geht die Stimme am Ende eines Satzes hoch, sodass es sich wie eine Frage anhört. Obwohl es keine Frage ist, drückt sich ein inneres Infragestellen aus. Das passiert, wenn Aufregung eine Rolle spielt, wenn ein anderer fragt (Interview, Vorstellungsgespräch, Verhandlungen).

TIPP

Üben Sie, Aussagesätze mit einem Punkt am Ende zu denken und zu sprechen. Dann verschwindet die Unsicherheit automatisch.

So können Sie üben, Aussagen auf den Punkt zu bringen: Stellen Sie sich den Satz wie einen Berg vor. Die Stimme startet am Fuß des Berges, geht in der Mitte des Satzes hoch und am Ende des Satzes wieder herunter. Punkt. Hören Sie sich die Nachrichten an. Wiederholen Sie die Sätze genauso, wie der Nachrichtensprecher sie gesagt hat.

Ein gutes Beispiel ist der Klassiker: das Wetter. Sagen Sie einmal: »Das Wetter.« Gibt es bei Ihnen am Ende ein Fragezeichen oder einen Punkt? Mit etwas Übung bekommen Sie es hin!

MINUS	PLUS
Ich bin in meinem Unternehmen verantwortlich für den Vertrieb?	Ich bin in meinem Unternehmen verantwortlich für den Vertrieb.
Ich arbeite seit fünf Jahren im Marketing?	Ich arbeite seit fünf Jahren im Marketing.
Ich stelle Ihnen hier mein bestes Programm vor?	Ich stelle Ihnen hier mein bestes Programm vor.
Ich möchte zehn Prozent mehr Honorar?	Ich möchte zehn Prozent mehr Honorar.

Die Stimme startet, geht in den Keller, um am Ende wieder hochzukommen – das ist ein Fragesatz.	Die Stimme startet am Fuße des Berges, geht ein Stück hoch und kommt wieder zum Ausgangspunkt zurück. Punkt. So wird's eine Aussage.

VIERTENS

BEDIENUNGSANLEITUNG FÜR IHR SELBST

04

ES GIBT AUF UNSEREM EMOTIONALEN KONTO Einnahmen und Ausgaben. Wie beim Geld ist es besser, wenn die Einnahmen größer sind als die Ausgaben. Das Plus erfordert Kreativität. Es gibt Millionen Möglichkeiten, ins Plus zu kommen.

Die Regeln sind einfach: Auf den Körper hören, heißt ihn fühlen. Sind Sie im Minus, gibt es schlechte Laune, das ist ein Signal zum Handeln, eine Chance für Veränderungen.

Sind Sie im Plus, fühlen Sie sich gut. Dann können Sie in der Situation bleiben, in der Sie gerade sind. Aus dem Plus heraus kommen Sie zu emotionalem Reichtum. Sie sind offener und sensibel für das Zufriedenstellende und entdecken so etwas wie eine Bedienungsanleitung für sich selbst und finden all die Möglichkeiten, sich emotional zu bereichern.

Dasselbe Prinzip gilt für das Geldkonto. Auch da schadet es niemandem, wenn Sie immer mehr ins Plus kommen. Im Gegenteil: Teilen und geben ist nur aus dem Plus möglich. Wer aus dem Minus teilt, zieht den anderen mit ins Minus. Wenn ich Schulden teile, hat der andere ebenfalls Schulden. Wenn ich schlechte Laune teile, hat der andere sie auch. Emotional lässt es sich nicht auf Pump leben.

IHR LEBEN

Ich erzähle Ihnen etwas über Ihr Leben. Es fing sehr klein an. Irgendwann wurden Sie für diese Welt sichtbar und das sah dann ungefähr so aus:

Sie sehen nichts? Gemeint ist dieser kleine Punkt. Wie gesagt, es fing sehr klein an. In Wirklichkeit waren Sie mit dieser Größe bereits ein paar Wochen IN dieser Welt, doch noch lange nicht AUF dieser Welt. Wenn Sie weiter zurückdenken, dann war da einmal nichts. Nichts. Und trotzdem sind Sie da. Woher kommt wohl der allererste Anfang? Diese Frage bringt einen ganz schnell an die Grenzen der Vorstellungskraft.

Wenn Sie nun damals und heute vergleichen und was aus Ihnen geworden ist: Das ist ein kleines Wunder. Es gibt Sie. Und es gab Zeiten, da gab es Sie noch nicht. Ihnen ist natürlich klar, dass Sie nicht als Punkt gestartet sind. Da gab es etwas höchst Lebendiges. Das ist einfach gewachsen, um in diese Welt zu kommen. Niemand war dabei, niemand hat zugesehen, der sagt, wie man es machen muss oder was richtig oder falsch ist. Sie sind einfach herangewachsen in Ihrer eigenen Lebendigkeit und mit einer eigenen Verantwortung für sich selbst.

Stellen Sie sich einmal vor, Sie sollten heute als Erwachsener so ein Leben wie Ihres starten. Es einfach wachsen lassen, ohne zu wissen, was die Welt ist, wie die Welt ist, wie das Ganze ausgeht, was Sie erwartet. Hätten Sie heute diesen Mut? Einfach so, ohne Ahnung, was kommt, was sein wird, was passiert? Damals hatten Sie diesen Mut. Sie hatten so etwas wie Urvertrauen.

Dann der Moment Ihrer Geburt. Wahrscheinlich gab es ein großes Staunen und Bewundern über Sie als noch nie dagewesenes Menschenkind. Jemand sagte wahrscheinlich, nun hätten Sie das Licht der Welt erblickt. Oder müsste es nicht besser heißen: Das Licht der Welt hat Sie erblickt?

Sie kamen aus dem Nichts. So wie Sie heute sind, gab es niemanden vorher und wird es niemanden nachher geben, niemanden so wie Sie. Dieses Staunen und Bewundern und Entzücken haben Sie sicher als Säugling erfahren – leider wissen Sie heute nichts mehr darüber. Irgendwann war es vorbei. Schade. Wenn Sie gut zu sich sein wollen, dann staunen Sie einfach zwischendurch immer wieder, dass es Sie gibt.

Was Sie aus Ihrem eigenen Leben lernen können: Es fing so klein an, wie man es sich kaum vorstellen kann, und dennoch ist so etwas Großes daraus geworden, ein Beweis, dass es möglich ist. So ähnlich können Sie mit Ihren Ideen und Ihren Projekten, mit Ihren Zielen und Wünschen umgehen. Klein anfangen, nach dem Prinzip der kleinen Schritte. Zunächst ist kaum etwas zu sehen, wenngleich da schon etwas heranwächst. Solange es genährt wird, ist Wachstum möglich. Die Hauptnahrungsmittel sind: Bewusstsein und Vertrauen. Damit wächst alles irgendwann ganz von allein.

Was haben Sie davon, wenn Sie auf Ihr emotionales Konto achten? Sie werden zum Experten für sich selbst. Niemand weiß so gut über Sie Bescheid wie Sie selbst. Sie kennen Ihre Bedürfnisse, Ihre Wünsche und Ihre Sehnsüchte. Und nur Sie selbst wissen am besten, wie sie zu erfüllen sind. Wenn Sie es anderen überlassen, werden Sie immer nur das bekommen, was die anderen sich ausgedacht haben. Dann ist es mehr oder weniger Zufall, wenn Sie genau das bekommen, was Sie wirklich wollen.

Ein Mangel entsteht meistens passiv, es werden Vorräte verbraucht. Der dramatischste Mangel ist Hunger. Da setzt unser Innerstes von selbst alles daran, dass wieder Vorräte angeschafft werden. Es zwingt uns zur Aktivität. Wir müssen uns Nahrung suchen und essen. Das ist ein Trieb, den wir nicht willentlich unterdrücken können, weil wir sonst sterben würden. Ähnlich ist es mit den Bedürfnissen, die unsere Persönlichkeit betreffen. In uns drinnen passt etwas auf und meldet sich. Es wacht über unsere persönliche Integrität. Es behält das emotionale Konto im Blick und meldet sich, wenn es glaubt, dass wir das Konto überziehen. Und was meldet es? Achtung! Achtung! Das emotionale Konto rutscht ins Minus! Schlechte Laune! Die Welt um uns herum hat alles, was wir brauchen. Es ist alles im Überfluss vorhanden. Wir können es uns nehmen oder es auf uns zukommen lassen. Das können wir üben und beherrschen.

**Pablo Casals war einer der bedeutendsten Musiker des 20. Jahrhunderts.
Als er gefragt wurde, warum er mit 92 Jahren immer noch täglich Cello übe, antwortete er:
»Ich glaube, ich mache Fortschritte.«**

Sie sagen JA zu sich selbst und Ihr Selbstwertempfinden wird größer. Sie können besser verstehen, wenn Ihr Innerstes anspringt und Wünsche äußert oder Warnungen liefert. Sie lernen, wenn Ihr Konto im Minus ist, dass es nur einen gibt, der es ins Plus bringen kann: Sie selbst. Das ist manchmal nicht leicht zu verstehen, glauben wir doch häufig, andere seien zuständig für unsere Emotionen, weil sie gerade durch sie verursacht wurden. Bei unserem emotionalen Konto erwarten wir tatsächlich manchmal, dass andere es auffüllen. Wie soll das gehen? Unsere Emotionen erzeugen wir selbst, es handelt sich dabei um unsere ganz persönlichen Bedürfnisse.

Denken Sie an Ihr Bankkonto. Wer füllt Ihr Bankkonto auf? Sie! Es ist äußerst selten, dass jemand anderer uns eine größere Summe zukommen lässt. Wenn das eintrifft, sollten wir es natürlich annehmen. Wenn wir darauf warten, dass sich unser Bankkonto ohne unser Dazutun wie von selbst auffüllt, würden andere uns wahrscheinlich für verrückt erklären. Die wissen: Wir warten mit Sicherheit vergeblich. Genauso wenig sind wir für das emotionale Konto der anderen zuständig. Die haben ganz andere Bedürfnisse als wir, Bedürfnisse, die wir vielleicht gar nicht ahnen. So ist es leichter, zu akzeptieren, dass auch andere manchmal im Minus sind. Jeder darf im Minus sein und jeder kann selbst entscheiden, wie er und wann er ins Plus kommt und ob er das überhaupt will.

Nicht jeder hat als Ziel Zufriedenheit. Es gibt Menschen, die sich anders in ihrem Leben arrangieren. Erlauben Sie ihnen das. Es gibt sogar Menschen, die Leiden als Leistung erleben. Die erzählen den anderen, was und wie sie alles erlitten haben. Erlauben Sie es ihnen. Wenn es Sie belastet, dann meiden Sie diese Menschen. Versuchen Sie nicht, sie zu ändern. Wer Hilfe braucht und Veränderung sucht, findet sie zur rechten Zeit.

ICH SEHE IMMER NUR DIE NEGATIVE SEITE

Da ich von allem immer nur die negative Seite sehe, haben mir gut beleumdete Ärzte vorgeschlagen, ich solle Antidepressiva nehmen. Mir wurde gesagt, die Welt sei nicht annähernd so trübsinnig, wie ich sie wahrnehme, meine Perspektive sei einfach nicht normal. Aber ich möchte keine Mittel nehmen, denn ich fühle, dass ich Recht habe – nur sieht das eben keiner ein. Ich weiß natürlich, dass das der Standardsatz aller Insassen von Irrenanstalten ist. Aber auch Sie werden noch erleben müssen, dass Ihrem Leben kein Hollywood-Ende beschieden ist.
(Woody Allen, Stern 25/2005)

Jeder Mensch hat in seinem Leben längere Leidenszeiten. Wer krank ist, muss warten, bis die Krankheit geheilt ist. Wer trauert, hat einen Verlust erlebt und braucht seine Zeit der Trauer. Das sind allerdings keine Gründe, sich zu vernachlässigen und schlecht für sich zu sorgen. Die eindeutigen Signale, an denen Sie erkennen, dass Sie besser für sich sorgen könnten: Wenn Sie meckern, Vorwürfe formulieren, beleidigt, enttäuscht oder wütend sind, dann ist Ihr emotionales Konto im Minus. Die größte Gefahr im Minus ist, dass wir dort hängenbleiben und das Minus immer weiter füttern.

Im Minus erleben wir Hilflosigkeit und Handlungsunfähigkeit. Der Ausweg, der Weg zum Plus, hat immer etwas mit Handeln zu tun. Diese Handlung zu finden, erfordert Übung. Wenn Sie das einüben, wird sich Ihr Verhalten ändern. Sie werden irgendwann wissen, dass es immer eine Lösung gibt. Das Leben wird einfacher und leichter. Sie sind zufriedener und Ihre Ausstrahlung wird dazu führen, dass sich andere in Ihrer Gegenwart wohl fühlen. Und auf einmal passiert das scheinbar Paradoxe: dass andere ihr emotionales Vermögen mit Ihnen teilen.

WIE SORGT MAN GUT FÜR SICH?

Im Nu ist man im Minus – schneller als im Plus. Wenn mich jemand fragt, wie es mir geht, und ich antworte: »Gut«, dann wird es mir so lange gut gehen, bis der andere mich fragt: »Geht es dir wirklich gut?« Nun geht ein innerer Suchprozess los und der führt ins Minus. »Was meint der damit? Vielleicht sehe ich krank aus? Oder habe ich etwas übersehen? Ist etwas passiert und es darf mir gar nicht gut gehen?« Da ist er, der automatische Reflex ins Minus. Da bleibt man erst einmal hängen.

Nun geht es darum, das Konto ins Plus zu bringen. Jetzt brauche ich eine Bedienungsanleitung für mein Konto. Die erste Frage lautet: Was fehlt mir jetzt? Was ist der Mangel? Was ist mein Bedürfnis? Lesen wir in der Bedienungsanleitung: Was fehlt mir? Für einen Moment hat mir mein Selbstbewusstsein gefehlt. Nun, wo ich es merke, ist es wieder da.

EMOTIONALES KONTO

MINUS	PLUS
»Geht es dir wirklich gut?« Innerer Monolog: »Was meint der damit? Vielleicht sehe ich krank aus? Oder habe ich etwas übersehen? Ist etwas passiert, und es darf mir gar nicht gut gehen?«	»Geht es dir gut?« »Es geht mir gut.«
Mangel, Defizit kein Ergebnis negatives Nachdenken negatives Gefühl *Emotionale Signale:* Unsicherheit, Laune kippt, fühle mich unterlegen	*Bedienungsanleitung:* Was fehlt mir? Für einen Moment hat mir mein Selbstbewusstsein gefehlt. Nun, wo ich es merke, ist es wieder da.
	Die Handlung: Selbstbehauptung – »Ja, natürlich geht es mir gut!«

Das kleinste Minus wird durch Gedanken gespeist. Unser Gehirn nimmt das Minus wichtiger als das Plus. Die größte Gefahr für Leben und Gesundheit kommt nämlich immer aus dem Minus. Fühlen wir also Minus, sucht unser Gehirn, was da los ist. Es sucht eine Begründung. Findet es in seinem Archiv nichts Passendes, dann nimmt es etwas Ähnliches – und hält es prompt für wahr. Das sind dann die inneren Monologe. Die Geschichten, die wir uns selbst erzählen, drehen sich immer um Ursache und Wirkung und werden gestaltet, bis sie eine stimmige Logik haben. Das ist nie die äußere, sondern immer eine innere Wirklichkeit.

Hier das berühmte Beispiel von Paul Watzlawick aus der »Anleitung zum Unglücklichsein«:

DIE GESCHICHTE VON DEM MANN MIT DEM HAMMER

Ein Mann will ein Bild aufhängen. Den Nagel hat er, nicht aber den Hammer. Der Nachbar hat einen. Also beschließt unser Mann, hinüberzugehen und ihn auszuborgen. Doch da kommt ihm ein Zweifel: Was, wenn der Nachbar mir den Hammer nicht leihen will? Gestern schon grüßte er mich nur flüchtig. Vielleicht war er in Eile. Aber vielleicht war die Eile nur vorgeschützt und er hat etwas gegen mich. Und was? Ich habe ihm nichts angetan; er bildet sich da etwas ein. Wenn jemand von mir ein Werkzeug borgen wollte, ich würde es ihm geben. Wie kann man einem Mitmenschen einen so einfachen Gefallen abschlagen? Leute wie diese Kerle vergiften einem das Leben. Und dann bildet er sich ein, ich sei auf ihn angewiesen. Bloß weil er einen Hammer hat. Jetzt reichts mit wirklich. – Und so stürmt er hinüber, läutet, der Nachbar öffnet, doch bevor er »Guten Tag« sagen kann, schreit ihn unser Mann an: »Behalten Sie Ihren Hammer, Sie Rüpel!«
(Paul Watzlawick)

DAS EMOTIONALE KONTO VON DIESEM MANN SIEHT NUN SO AUS

MINUS	PLUS
Er will ein Bild aufhängen und hat keinen Hammer.	Lösung: »Ich borge mir einen Hammer bei meinem Nachbarn.«
Dann kommen Zweifel (innere Monologe): Was, wenn er mir den Hammer nicht leihen will? … Vielleicht war die Eile nur vorgeschützt … er hat etwas gegen mich … Wie kann man einen so einfachen Gefallen abschlagen? … Bildet er sich ein, ich sei auf ihn angewiesen?	
Mangel, Defizit kein Ergebnis negatives Nachdenken negatives Gefühl *Emotionale Signale:* Frust, Zorn, Aggression	

Reaktion: Schuldzuweisung – »Jetzt reicht's mir wirklich. Behalten Sie Ihren Hammer, Sie Rüpel!«	

Nun steht er da ohne Ergebnis, ohne Hammer. Und er wird es dem Nachbarn wahrscheinlich nie verzeihen, »dass er mir den Hammer verweigert hat« – der Leser weiß: Das ist nicht wahr, für den Mann aber ist es die Wahrheit. So entstehen Missverständnisse und Witze.

ÜBUNG: SIE ERÖFFNEN EIN PROBLEMKONTO UND FINDEN DIE LÖSUNG

Denken Sie einmal an ein kleines Problem.

Beschreiben Sie das Problem mit fünf bis sieben ganzen Sätzen:

____

____

____

____

____

Beachten Sie dann besonders die Minussätze. Dazu gehört jeder Satz,
... der eines dieser Wörter enthält: nicht, nichts, keine, nie.
... der eines dieser Wörter enthält: muss, müsste, müssen, soll, sollte.
... der eine negative Emotion ausdrückt: Angst, Wut, Kränkung, Neid, Enttäuschung etc.
... der den Begriff oder die Person nennt, von dem/der das Problem ausgeht.

Diese Minussätze machen das Problem.

MACHEN SIE JETZT EIN KONTO MIT EINEM MINUS UND EINEM PLUS

MINUS	PLUS
Hier notieren Sie die Minussätze aus Ihrem Beispiel.	
Die Minussätze beschreiben den Mangel	Und was ist jetzt das Bedürfnis?
	So kommen Sie ins Plus: Sie erkennen das Bedürfnis – Sie können es also mit Worten ausdrücken. Sie erfüllen das Bedürfnis – Sie führen es also durch eine Handlung zum Erfolg.

Sie merken: Der Mangel lässt sich viel einfacher beschreiben, weil er spürbar ist. Das damit verbundene Bedürfnis ist nicht immer sofort sichtbar. Da muss man mitunter eine Weile suchen. Die Lösung bietet sich nicht sofort an, sonst hätte man sie längst.

Wie ist es bei dem Mann mit dem Hammer? Was ist sein Mangel? Was ist sein Bedürfnis? Der Mangel ist ein Hammer. Das Bedürfnis ist ebenfalls ein Hammer. Er hat keinen, braucht aber einen. Also muss er, um sein Bedürfnis zu erfüllen, nichts anderes tun, als sich einen Hammer besorgen – egal wo. Wenn es beim Nachbarn nicht klappt, dann beim nächsten. Nun verheddert er sich in seinen Gedanken über den Nachbarn. Diese – seine eigenen Gedanken – verwirren ihn so sehr, dass er völlig den Hammer aus den Augen verliert.

TIPP

Behalten Sie Ihre Bedürfnisse im Blick.
Leben ist Handeln und nicht darüber nachdenken.

UNTERSCHIEDLICHE LOGIK IM MINUS UND IM PLUS

Eine Besonderheit unserer Wahrnehmung: Wenn wir im Minus sind, erleben wir ein und dieselbe Situation deutlich anders, als wenn wir im Plus sind.

Waren Sie schon einmal wütend auf jemanden, weil Sie ihn mehrfach nicht erreicht haben (ich nenne ihn in diesem Beispiel einfach Schneider)? Sie haben es bereits dreimal versucht und beim vierten Mal hören Sie sich im Geiste sagen: »Dann eben nicht!« und knallen den Telefonhörer auf? Das emotionale Konto ist im Minus. Die Logik im Minus lautet: Ich bin wütend auf Herrn Schneider, weil er nicht zu erreichen ist.

Oder stellen Sie sich eine Person vor, für die Besprechungen ein Horror sind. Am liebsten möchte diese Person sich drücken und gar nicht hingehen. Sie sucht nach Ausreden, findet jedoch keine, weil es beruflich erforderlich ist. Während der Besprechung kommen ihr ganz viele Ideen – sie sagt nichts. Und das Schlimme: Plötzlich sagt ein Kollege all das, was sie sich gedacht hatte. Es wäre ihr lieber gewesen, er hätte nichts gesagt. Minus, Minus. Die daraus folgende Logik: Ich hasse Besprechungen. Und dann trägt auch noch dieser Kollege meine Ideen vor.

Wie ist es nun, wenn die Dinge gut laufen, wenn also gute Laune im Spiel ist? In dem Fall kommt eine ganz andere Logik zum Tragen. Stellen Sie sich vor, Sie erreichen Herrn Schneider. Sie besprechen mit ihm, was Sie wollten, und können die Angelegenheit zu Ihrer Zufriedenheit erledigen. Emotionales Konto im Plus. Nun die Logik im Plus: Ich habe gute Laune, weil ich Herrn Schneider erreicht habe (und nicht etwa: Ich freue mich über Herrn Schneider, dass er erreichbar war).

Oder stellen Sie sich die Person in der Besprechung vor. Sie hat ihre Hemmungen überwunden und gelernt, ihre Ideen selbstbewusst vorzutragen. Nun bekommt sie die Anerkennung, die damals immer die anderen abgestaubt haben. Und das tut ihr natürlich gut. Plus. Die Logik im Plus: Ich habe meine Ideen gut verkauft, ich bin gut angekommen (und nicht etwa: Die Besprechung und der Kollege haben mir gute Laune gemacht).

WENN WIR DIE BEIDEN SITUATIONEN VERGLEICHEN, SIEHT DAS SO AUS

MINUS	PLUS
Ich erreiche Herrn Schneider nicht. Ich bin wütend auf ihn.	Ich habe gute Laune, weil ich Herrn Schneider erreicht habe.
Besprechungen sind ein Horror. Ich hasse Besprechungen. Und dann trägt noch jemand anderer meine Ideen vor.	Ich habe meine Ideen gut verkauft, ich bin gut angekommen. Damit fühle ich mich wohl.

WENN WIR NACH DEM VERURSACHER DER ERGEBNISSE SUCHEN, FÜHRT DIES ZU FOLGENDER LOGIK

LOGIK IM MINUS	LOGIK IM PLUS
Wer ist der Verursacher, wenn etwas nicht gut läuft?	Wer ist der Verursacher, wenn es gut läuft?
Die anderen: z. B. Herr Schneider, die Besprechung, der Kollege etc.	Ich.

Das entsprechende biologische Grundgesetz nennt man Syndrom des äußeren Feindes. Wenn wir etwas nicht erreichen, erleben wir die Ursache immer als außerhalb von uns, eben woanders. Wenn wir etwas erreicht haben, dann sind wir es selbst.

DIE LOGISCHE BUCHHALTUNG

Wenn wir noch kein Ergebnis haben (= Mangel), verbuchen wir es im Minus.
Wenn wir etwas erreicht haben (= Erfolg), verbuchen wir es im Plus.

Es gibt da eine Ausnahme: Das sind die Menschen, die es genau umgekehrt machen. Wenn etwas nicht klappt, fühlen sie sich schuldig, und wenn etwas klappt, dann sind es die anderen. Falls Ihnen diese Sichtweise bekannt ist, dann gehören zu denen, die sofort Schuldgefühle haben und sich für alles, was NICHT funktioniert, zuständig fühlen.

TIPP

Probieren Sie die Beispiele in diesem Buch aus. Arbeiten Sie an Ihren Erfolgen.

AUSWEGE AUS DER MINUSFALLE

Besonders, wenn wir Stress und Zeitdruck haben, wirken Misserfolge stärker. Wenn wir etwas nicht erreichen, rutschen wir automatisch ins Minus. Das ist manchmal wie eine Falle.

Wir können die Situationen nicht ändern, aber den Umgang mit den Situationen. Das bedeutet, wenn ich eine Situation als Minus erlebe, dann bin ich so etwas wie das Opfer der Situation. Wenn ich die Situation beherrsche, dann kippt das Ganze zum Positiven, ich bin dann der Herrscher über die Situation und erlebe sie als Erfolg.

Erfolg ist nicht angeboren, Erfolg habe ich nicht, Erfolg mache ich. Das ist es, worauf das Belohnungssystem anspringt. Um das Belohnungssystem zu bedienen, brauche ich Erkenntnis und Konsequenz, evtl. auch Disziplin, Strategie und Mut.

Erfolg hängt nicht von einer einzigen Handlung ab – er stellt sich als eine Folge von Handlungsschritten ein. Erfolg ist ein Endergebnis, es ist der Moment unserer individuellen Zufriedenheit. Es ist das von uns als erfolgreich erlebte Ende von etwas. Haben wir es erreicht, sind wir zufrieden und verarbeiten es wie eine abgeschlossene, erledigte Geschichte. Die Gefahr: Wir vergessen unsere Erfolge.

TIPP

Behalten Sie die Erinnerung an Ihre Erfolge wach. Führen Sie ein Erfolgsbuch. Belohnen Sie sich für Erfolge, sodass etwas Sichtbares bleibt.

Erreichen wir ein Ziel nicht, sind wir unzufrieden. Dies ist die Falle, in die wir tappen: Wenn wir das Ziel falsch setzen, erzeugen wir eine

Kette von Niederlagen. Obiges Beispiel zeigt es an einer kleinen Situation: Ich erreiche Herrn Schneider nicht. Wenn ich jetzt den Hörer in die Hand nehme und diesen Moment zu dem mache, wo ich ihn erreichen *muss*, dann wird jedes Nichterreichen zu einer Niederlage.

MINUS	PLUS
Herrn Schneider nicht erreicht.	
Herrn Schneider wieder nicht erreicht. Wo ist er nur?	
Herrn Schneider zum dritten Mal nicht erreicht. Er muss doch endlich mal am Platz sein!	
Viertes Mal: Er ist nicht zu erreichen. Jetzt reicht es. Nun bin ich aber wirklich sauer. Was macht der nur mit mir!	

ACHTUNG

ACHTUNG!
Hier sollten Sie stutzen.
Dies ist eine der wichtigsten Stellen im ganzen Buch!

»Nun bin ich aber wirklich sauer« (auf Herrn Schneider). Was hat Herr Schneider damit zu tun? Der ist bisher überhaupt nicht beteiligt an der ganzen Geschichte. Er hat nicht die geringste Ahnung, dass ich mich abmühe, ihn zu erreichen. Und er ist nun schuld an meiner schlechten Laune? Es ist derselbe Denkfehler wie bei dem Mann mit dem Hammer. Da konnten wir noch lachen, weil die Absurdität der Geschichte auf den Punkt gebracht wurde. Bei Herrn Schneider lesen wir einfach darüber hinweg – es leuchtet uns zunächst sogar ein.

Obwohl ich die Autorin dieses Beispiels bin, falle ich selbst immer wieder auch darauf rein, dass man sauer auf Herrn Schneider sein darf. Es ist wie bei einer optischen Täuschung: Ich weiß genau, dass mein Gehirn mich täuscht, aber es ist in seiner Reaktion nicht veränderbar

– es liefert immer wieder dieselbe Täuschung. Ich habe mir so etwas wir eine zweite Instanz geschaffen und trainiere sie ständig. Die erste Instanz erfindet Geschichten, die völlig logisch erscheinen. Die zweite Instanz stutzt und verzögert das Denken – und dann erkenne ich den Denkfehler. Ich erkenne ihn tatsächlich nur durch Nach-Denken. Wenn ich die Zeit nicht habe – z. B. unter Stress –, dann wird Herr Schneider zum Feind und hat Schuld.

Der Lösungsweg mit der zweiten Instanz: Wenn ich frage: »Was will ich erreichen?« oder »Was ist mein Bedürfnis?«, dann erkenne ich dieses Bedürfnis und ich kann dafür sorgen, dass dieses Bedürfnis erfüllt wird. Ich gehe mit einer anderen inneren Haltung an die Angelegenheit heran.

Also: Mein Bedürfnis ist: »Ich will den Vorgang abschließen« oder »Ich will Herrn Schneider erreichen – egal wann – Hauptsache, ich erreiche ihn«. Dann gibt es kein Hindernis. Ich werde nun so lange versuchen, ihn zu erreichen bzw. den Vorgang auf eine andere Art und Weise erledigen, bis ich mein Ergebnis habe. Jeder Anruf, bei dem ich Herrn Schneider nicht erreiche, ist also keine Niederlage, sondern ein Noch-nicht-Erfolg. Wer häufiger so vorgeht, wird feststellen, dass dann die Gelassenheit kommt und die Ungeduld geht.

Verbringe nicht die Zeit mit der Suche nach einem Hindernis – vielleicht ist keines da! (Franz Kafka)

MINUS	PLUS
	Um den Vorgang zu erledigen, brauche ich noch eine Information von Herrn Schneider. Ich habe ihn noch nicht erreicht, versuche es später noch einmal.
	Zweiter Versuch, ich erreiche ihn telefonisch nicht. Vielleicht ist er im Urlaub? Ich erkundige mich, wann er zu erreichen ist. Oder: Ich schicke ihm eine E-Mail. Oder: Ich hole mir die Information woanders.

Ein anderes Beispiel: Da mag jemand keine Besprechungen, ist aber darauf angewiesen, daran teilzunehmen. Ein Bedürfnis, das sich daraus ergibt, könnte ein Scheinbedürfnis sein: Ich will NICHT dabei sein. Das ist die Flucht vor etwas, auch eine Form von Opferverhalten. Wenn aber ernsthaft erkannt wird, dass man niemals lernen möchte, Besprechungen zu meistern, dann sollte man den Job kündigen. Sonst zerreißt man sich zwischen den ambivalenten Botschaften: Ich will es nicht, aber ich tue es trotzdem – das sind faule Kompromisse.

MERKE
Faule Kompromisse verschlimmern die Probleme.

MINUS	PLUS
Ich finde Besprechungen und Meetings furchtbar.	
Ich will da nicht hingehen, weil ich mich einfach unwohl fühle. Ich muss dabei sein, weil es von mir erwartet wird.	
Ich reiße mich zusammen. Es geht mir zunehmend schlechter; habe Herzklopfen; schwitze; habe Angst, angesprochen zu werden.	
Die anderen haben offenbar keine Probleme. Meine Ängste werden immer größer. Wie soll das nur weitergehen? Besprechungen und Meetings sind wirklich schrecklich!	

Eine Möglichkeit wäre zu kündigen. Dann wäre ich frei von diesem Problem. Diese Lösung ist nicht unbedingt empfehlenswert, weil sie eine Vermeidungslösung ist. Aber wenn jemand dies als echte Befreiung erlebt, wäre es akzeptabel. Dann sähe die Lösung so aus:

MINUS	PLUS
Besprechungen und Meetings sind furchtbar.	
Ich will da nicht hingehen, weil ich mich einfach unwohl fühle.	Ich kündige, ich brauche für mein Wohlbefinden keine Meetings, nun bin ich frei von diesem Druck.

A B E R

Haben Sie gestutzt?

Haben Sie etwas gemerkt bei dem Satz: »Besprechungen und Meetings sind wirklich schrecklich«? Hat sich Ihre zweite Instanz gemeldet?

Die erste Instanz hebt jede Bedrohung auf die Stufe eines Säbelzahntigers. So werden Meetings zum Säbelzahntiger gemacht. Am besten, es käme jemand und würde ihn vernichten. Wenn die zweite Instanz stutzt, dann überlegt sie: Da stimmt doch etwas nicht: Können Meetings wirklich schrecklich sein, wenn andererseits andere kein Problem damit haben? Meetings sind doch keine frei laufenden Lebewesen?

Merken Sie, wie sich das Gehirn hier in verheddert? Einerseits haben wir unsere Reflexe (erste Instanz) – andererseits eine Entscheidungsfreiheit (zweite Instanz). Häufig ist das Durchschauen solcher Denktäuschungen wie das Lösen von Denksportaufgaben.

Die zweite Instanz stellt hilfreiche Fragen nach dem größeren Zusammenhang oder dem Bedürfnis. Ein Bedürfnis, das hier wahrscheinlich ist, ist das Bedürfnis, solche Besprechungen zu meistern. Wenn wir andere im Stillen dafür bewundern oder beneiden, dass sie es können, ist das ein Indiz für den eigenen Mangel. Die Lösung heißt: Lernen und üben. Sich Lehrmeister suchen, reden lernen, den Mut haben, die Meinung zu sagen. Erst wenig, dann mehr.

DIE LÖSUNGSMÖGLICHKEIT KÖNNTE SO AUSSEHEN: LERNEN UND ÜBEN

MINUS	PLUS
Ich finde Besprechungen und Meetings furchtbar.	Ich will Besprechungen meistern und mich dabei wohl fühlen.
	Ich lerne jetzt das, was ich dafür brauche. Ich nehme mir die Zeit, die ich brauche. Ich darf üben, ich muss nicht sofort gut sein. Ich lerne nach dem Prinzip der kleinen Schritte. Ich muss nicht alles auf einmal können. Ich sage häufiger meine Meinung. Ich bereite mir Fragen vor, die ich im Meeting stelle.
	Ich lerne Entspannungstechniken. Ich mache einen Rhetorik-Kurs.
	Ich erfahre, wie angenehm es ist, wenn andere mir zuhören. Ich lerne, Besprechungen zu leiten und Vorträge zu halten. Ich übe und werde immer besser!

EMOTIONALE REIFE

Wenn wir dem Minus verhaftet bleiben, dann entwickeln sich feindselige Gedanken gegen Personen, Sachen, Orte und Gelegenheiten, die wir haben oder verändern wollen, damit es uns besser geht. Wir wollen *haben*: den Freund wieder haben, die Frau haben, das Auto haben, Anerkennung bekommen! Wenn wir es nicht erhalten, kippen die Gefühle. Dann bestimmen diese das Handeln. So werden wir zu einem reagierenden oder abreagierenden Wesen. Das macht unfrei, unfähig und abhängig.

Wer sich aus einem emotionalen Minus herausarbeitet, ist damit noch nicht unbedingt im Plus. Die Abwesenheit des Negativen bedeutet nicht gleichzeitig das Vorhandensein des Positiven. Nur weil sich Schmerzen verringern, erleben wir noch lange kein Glück. Vergleichen wir es mit unserem Geldkonto: Der Moment, wo das Minus aufgehoben ist, heißt NULL.

Zwischen dem, was auf uns einwirkt, und dem, wie wir darauf reagieren, liegt unser Selbstbewusstsein. Zwischen Reiz und Reaktion können wir uns entscheiden! Wir können sogar bestimmen, welchen Reiz wir auf uns wirken oder nicht wirken lassen wollen. Wir können zum Beispiel selbst bestimmen, ob wir uns aufregen wollen, weil Dreck auf der Straße liegt, oder ob wir denselben Moment nutzen, um etwas ganz anderes wahrzunehmen: die Schönheit der Architektur oder den blauen Himmel oder einen interessanten Menschen. Wir können unsere Sinne steuern und wir können die Wahrnehmungen steuern. Das eine ist passiv, das andere ist aktiv. Wir müssen nicht reflexartig auf etwas re-agieren, denn dann macht dieses Etwas die Spielregeln. Wenn wir die Regeln bestimmen, dann sind wir die Gestalter der Wirklichkeit.

Das nennt man emotionale Reife. In unserer Gesellschaft betreiben wir die emotionale Entwicklung nicht mit derselben Intensität wie die körperliche oder intellektuelle. Emotionale Lehrmeister oder Lehrmeisterinnen gibt es kaum. Eigentlich sollten es die Eltern sein. Wenn diese bereits keine Gelegenheit hatten, ihre emotionalen Fähigkeiten zu entfalten, werden Defizite häufig durch die Ahnenreihe weitergereicht.

So sind emotional reife Menschen eher die Ausnahme als die Regel. Zahlreiche Untersuchungen haben ergeben, dass sich nur etwa jeder Fünfte darum bemüht. Glückwunsch: Da Sie sich gerade damit Über-

beschäftigen, gehören Sie zu diesen wenigen. Heute wissen wir so viel mehr als die Menschen vor uns. Das Weltwissen verdoppelt sich alle fünf Jahre. Weltweit gibt es alle fünf Minuten eine neue medizinische Erkenntnis, alle drei Minuten eine neue physikalische Einsicht, jede Minute eine neue chemische Formel. Was haben wir dadurch gewonnen? Über uns selbst wissen wir möglicherweise weniger als die Menschen, die vor uns gelebt haben. Wir werden derart von Informationen überflutet, dass wir keine Zeit mehr haben, über uns selbst zu kommunizieren. Uralte Botschaften bleiben nach wie vor aktuell. Wie das Orakel von Delphi: »Erkenne dich selbst« oder Horaz: »Habe Mut, dich deines eigenen Verstandes zu bedienen.«

Wir brauchen Wissen über uns selbst. Wir sind nur frei, wenn wir zuerst einmal uns selbst verstanden haben. Wenn wir uns selbst und die Zusammenhänge des Lebens verstehen, wissen wir, wer wir sind, was wir wirklich wollen und was wir auch zu leisten im Stande sind.

Haben wir erst einmal verstanden, dass wir selbst unserem Leben eine Richtung geben, dann geschieht nichts, was wir nicht wollen. Dann erleben wir unser Leben als sinnvoll und können bei vollem Bewusstsein verwirklichen, was unserem Charakter und unseren Talenten gemäß ist. Wir wissen dann, wie wir selbst das eigene Leben handhaben und kreativ gestalten und ihm einen eigenen Sinn geben können.

FÜNFTENS

AUSBLICK

05

WER NIE REICH WAR, kann sich nicht vorstellen, wie er sich dann verhalten würde. Begrenzungen haben alle schon einmal erlebt und überstanden. Aber erinnern Sie sich: Ein großer Teil des Denkens kreist dann ständig um diese Begrenzungen. Wenn Sie reich sind, entfallen diese Gedanken und Sie haben Energie übrig.

ERINNERN SIE SICH AN EREIGNISSE IN IHREM LEBEN, ÜBER DIE SIE SICH HEUTE NOCH FREUEN KÖNNEN?

Beschäftigen Sie sich einen Moment mit einem dieser Ereignisse:
Wo waren Sie da, an welchem Ort?
Wie sah es dort aus?
Können Sie sich noch einmal dorthin versetzen?
Waren noch andere da? Wer?
Fällt Ihnen noch etwas Spezielles auf, jetzt, während des Erinnerns?

Wenn Sie eine Weile nachdenken: Worauf sind Sie besonders stolz? Ohne zu bescheiden zu sein: Was ist das Wertvolle an Ihnen, was Sie bei dieser Gelegenheit erfahren/angewendet/erlebt haben?

Diese Erinnerung macht doch ein gutes Gefühl, nicht wahr? Und ein gutes Gefühl ist das, was man fühlt, stimmt's? Wo im Körper fühlen Sie denn jetzt dieses Plusgefühl? Merken Sie, dass Sie jetzt eine besondere Körperhaltung haben? Diese Körperhaltung entspricht der inneren geistigen Haltung. Beides ist identisch, kongruent. Was Sie innen fühlen, stimmt überein mit dem, was Sie nach außen zeigen – was andere also wahrnehmen. Wenn Sie so sind, dann haben Sie eine charismatische Ausstrahlung, Sie sind dann ohne Angst.

Jetzt haben Sie ein erfreuliches Ereignis aus der Vergangenheit in die Gegenwart geholt. Diese Plus-Erfahrung können Sie sich immer wieder in Erinnerung rufen und sie kann und wird immer da sein, es wird Ihnen immer gut dabei gehen.

Und wissen Sie was? Das, was Sie gerade aus der Vergangenheit in die Gegenwart geholt haben, ist ein Teil von Ihnen. Es gehört Ihnen. Sie können jederzeit darüber verfügen – auch in der Zukunft. Wenn Sie so sind, werden Sie Menschen und Situationen erfolgreich beeinflussen. Das ist Ihr emotionaler Reichtum.

Hier endet der Vergleich mit dem Geld und mit dem Konto. Geld ist ein Tauschmittel. Wir geben es weg, wenn wir etwas kaufen. Und das, was wir bekommen, sind Dinge. Es geht um's Haben, um Besitz. Emotionen können wir nicht kaufen oder tauschen. Aber wir können Sie machen. So ist die Fähigkeit, sich ins Plus zu bringen, eine Lösung, bei der alle nur gewinnen. Alles wird mehr: das Selbstbewusstsein, die Lebensfreude, die Anziehungskraft. Es kommen Menschen und Situationen auf uns zu, es geschehen Dinge, die dazu passen. Wenn wir glücklich sind, können andere an unserem Glück teilhaben und wir machen sie dadurch glücklicher. Wenn wir innere Ruhe gefunden haben, strahlen wir Ruhe aus. Wenn wir inneren Frieden haben, ist das der wichtigste Beitrag zum Frieden.

WILLST DU DAS LAND IN ORDNUNG BRINGEN …

Willst du das Land in Ordnung bringen,
musst du erst die Provinzen in Ordnung bringen.
Willst du die Provinzen in Ordnung bringen,
musst du die Städte in Ordnung bringen.
Willst du die Städte in Ordnung bringen,
musst du die Familien in Ordnung bringen.
Willst du die Familien in Ordnung bringen,
musst du die eigene Familie in Ordnung bringen.
Willst du die eigene Familie in Ordnung bringen,
musst du dich in Ordnung bringen.
(Orientalische Weisheit)

Wir verfügen über einen freien Willen und daraus ergibt sich die Verpflichtung, das Beste aus unserem Leben zu machen. Wir müssen das Leiden nicht als unveränderbar und schicksalsbedingt hinnehmen. Wir können es mitgestalten und uns befreien. Das ist eine kreative und lustvolle Aufgabe. Je öfter wir uns ins emotionale Plus bringen, desto mehr emotionaler Reichtum kann sich entfalten. Mit Reichtum und Vermögen sind Mittel, Können und Fähigkeiten gemeint.

Emotionales Vermögen bedeutet, dass etwas verfügbar ist. Das, was uns im tiefsten Inneren aufrühren kann, bedarf eines größeren Könnens, wenn wir unsere Gemütsfreiheit behalten wollen. Das, was dann wirkt, ist Selbstbewusstsein. Wir verstehen uns, wir erkennen, dass etwas auf uns einwirkt und wir darauf reagieren. Je selbstbewusster wir werden, desto klarer erkennen wir, dass wir einen Entscheidungsspielraum haben.

So erkennen wir: Unsere Bedürfnisse, Wünsche und Sehnsüchte sind es, die uns die Türen zu unserer Lebendigkeit öffnen. Wenn wir sie verstehen, können wir sie befriedigen. Wir wissen, dass wir diesen Signalen, die aus unserem Innersten kommen, verpflichtet sind. Wir selbst sind dafür verantwortlich, sie zu erfüllen. Nicht auf Teufelkomm-raus. Nicht mit Kraft und Macht und Anstrengung. Oft reicht es, dass wir sie wahrnehmen und verstehen.

Das macht uns ehrlich und zufrieden. Dann können wir die anderen so sein lassen, wie sie sind. Dann kann alles um uns herum so existieren, wie es sein will. Wir müssen es nicht verändern oder bekämpfen, weil wir davon nicht mehr geschwächt werden. Wir können JA dazu sagen.

Es ist ein Bewusstseinszustand, der dadurch entsteht, dass wir in diesen Momenten im Einverständnis sind mit allem, was geschieht – sei es positiv oder negativ. Dann fühlen wir uns nicht mehr bedroht. Es ist ein Zustand von Angstfreiheit, Gelassenheit, innerer Heiterkeit. Es ist eine Lebenseinstellung und eine Lebenskunst.

Und noch etwas geschieht: Wir übernehmen Führung. Wir führen uns selbst. Wir gehen Wege, die wir allein finden. Wir sind nicht mehr darauf angewiesen, immer zu schauen, ob da bereits ein Weg ist, den bereits ein anderer gegangen ist. Wir können einfach so in die Lebenslandschaft gehen. Vielleicht hinterlassen wir überhaupt keine Spuren, vielleicht passiert es, dass andere uns folgen.

Wir trauen uns, selbst zu denken, selbst voranzugehen, Neues zu lernen, Wagnisse einzugehen. Wir müssen nicht mehr auf andere hören, die uns zurückhalten wollen: »Lass es lieber!« – »Das kannst du doch nicht machen!« Wir hören auch auf, danach zu fragen, ob wir das dürfen oder etwas erlaubt ist oder: »Hat das schon mal jemand gemacht?« Wir übernehmen Verantwortung. Wir trauen uns, das Leben genau so zu leben, wie es zu uns passt. Es gibt kein Richtig und Falsch mehr – so wie es für uns sein soll, ist es immer richtig. Wenn wir unseren Emotionen trauen, werden wir durch sie so geführt, dass wir den Sinn unseres Lebens erfüllen können.

DANKE

Von der Idee bis zum fertigen Buch war es ein längerer Weg. Schreiben ist zeitweise eine einsame Erfahrung. Aber wäre ich wirklich einsam gewesen, wäre dieses Buch niemals entstanden. Zur rechten Zeit waren die richtigen Menschen für mich da, die mir gaben, was ich brauchte: Wissen, Weisheit, Ehrlichkeit, Denkanstöße, Verständnis, Herz und Humor.

Bernd Riehl: Danke für deinen hartnäckigen Enthusiasmus und deinen unerschütterlichen Glauben an das Thema. Ohne dich hätte ich nie angefangen.

Anke Proske-Witt: Danke für Ihre Umsicht, Präzision und Geduld, mit der Sie das Projekt begleitet haben.

Dr. Robert Laudahn: Danke für zahlreiche Gespräche, Denkanstöße und unsere Hypnose-Experimente.

Barbara Wettstein: Danke für Korrekturen und Recherchen – und dass du mich am Aufgeben gehindert hast.

Dr. Artur Hornung: Danke für deine Glückskompetenz, für wichtige Verbesserungen und kreative Anregungen.

Dr. Michael Kuhn: Danke für die komplette Korrektur und stilistische und logische Verbesserungen. Danke für die gemeinsamen Meditationen mit Angelika.

Ursula Junger: Danke für die professionelle linguistische Prüfung und dein Gespür für Verständlichkeit und intellektuelle Schärfe.

Caroline Kouptsidis: Danke für dein Autorenwissen, deine offenen Worte und unterstützenden Impulse.

Claudia Kirsch: Danke, dass Sie mich seit Beginn meiner Selbstständigkeit beratend begleitet haben.

Sabine Willmann: Danke, dass ich in der traumhaften Atmosphäre von El Hierro in deinem wunderbaren Haus nachdenken und schreiben konnte.

Ganz besonders dankbar bin ich meinen Töchtern Ute und Iris, die mich in meinen Krisen und bei meinen Ideen und Projekten durch ihre Liebe und Ermunterung unterstützt, getröstet und beglückt haben.

LITERATUR

Jeanne Achterberg, Gedanken heilen, Rowohlt, Reinbek 1997

Edward de Bono, Das spielerische Denken – Warum Logik dumm machen kann und wie man sich dagegen wehrt, Rowohlt, Reinbek 1972

Edward de Bono, Edward de Bonos Denkschule – Zu mehr Innovation und Kreativität, mvg Verlag, München 1985

Alain de Botton, Trost in der Philosophie, Fischer, Frankfurt a. M. 2000

Leo Buscaglia, Leben, Lieben, Lernen, Goldmann, München 1982

Norman Cousins, Der Arzt in uns, Rowohlt, Reinbek 1996

Joel Davis, Faszination Gehirn, Umschau Braus, Heidelberg 1999

Hoimar von Ditfurth, Der Geist fiel nicht vom Himmel – Die Evolution unseres Bewußtseins, Hoffmann und Campe, Hamburg 1976

Dietrich Dörner, Die Logik des Mißlingens – Strategisches Denken in komplexen Situationen, Rowohlt, Reinbek 1994

Vitus B. Dröscher, Nestwärme, Wie Tiere Familienprobleme lösen, Deutscher Taschenbuchverlag, München 1985

Peter F. Drucker, Management im 21. Jahrhundert, Econ, München 1999

Antoine de Saint Exupéry, Der kleine Prinz, Carl Rauch Verlag, 1992

Reshad Field, Das atmende Leben – Wege zum Bewußtsein, Eugen Diederichs Verlag, München 1988

Theo Fischer, Wu wei – Lebenskunst des Tao, Silberschnur, Neuwied 1991

Erich Fromm, Die Kunst des Liebens, Weltperspektiven, Ullstein, München 1980

Erich Fromm, Haben oder Sein, Seelische Grundlagen einer neuen Gesellschaft, Deutscher Taschenbuchverlag, München 1986

Daniel Goleman, Emotionale Intelligenz, Deutscher Taschenbuchverlag, München 1998

Carl A. Hammerschlag, Die tanzenden Heiler – Lehrjahre eines Arztes bei den Indianern, Carl-Auer-Systeme Verlag, Heidelberg 2003

Gerd Hennenhofer/Klaus D. Heil, Angst überwinden – Selbstbefreiung durch Verhaltenstraining, Rowohlt, Reinbek 1983

Robert Jütte, Geschichte der Sinne – Von der Antike bis zum Cyberspace, C. H. Beck, München 2000
Josef Kirschner, Die Kunst ein Egoist zu sein – Das Abenteuer, glücklich zu leben, auch wenn es anderen nicht gefällt, Droemer Knaur, München 1976
Peter Krieg/Paul Watzlawick (Hrsg.), Das Auge des Betrachters – Beiträge zum Konstruktivismus, Carl-Auer-Systeme Verlag, Heidelberg 2002
Hugo Kükelhaus, Rudolf zur Lippe, Entfaltung der Sinne, Fischer, Frankfurt am Main 1984
Rupert Lay, Meditationstechniken für Manager – Methoden zur Persönlichkeitsentfaltung, Rowohlt, Reinbek 1979
Arnold Lazarus, Allen Fay, Ich kann, wenn ich will – Anleitungen zur psychologischen Selbsthilfe, Deutscher Taschenbuchverlag/Klett-Cotta, München 1993
Leslie M. LeCron, Fremdhypnose – Selbsthypnose, Technik und Anwendung im täglichen Leben, Ariston, Genf 1995
Arvid Leyh, Nur in deinem Kopf – Das Update für Geist und Gehirn, Werner Pieper & grüne Kraft, Löhrbach 2001
Hannes Lindemann, Überleben im Stress – Autogenes Training, Wilhelm Heyne Verlag, München 1987
Gay G. Luce, Körperrhythmen – Die Uhr in uns geht ganz genau, Hoffmann und Campe, Hamburg 1973
Stephen C. Lundin, Harry Paul, John Christensen, Fish!, Verlag Carl Ueberreuter, Wien 2001
Sándor Márai, Wandlungen einer Ehe – Roman, Piper, München 2003
Abraham H. Maslow, Motivation und Persönlichkeit, Rowohlt, Reinbek 2002
Humberto R. Maturana/Francisco J. Varela, Der Baum der Erkenntnis – Die biologischen Wurzeln menschlichen Erkennens, Goldmann, München 1990
Scott Nearing, Die Suche nach dem guten Leben, Rowohlt, Reinbek 1986
Sten Nadolny, Die Entdeckung der Langsamkeit, Piper, München 2000
Massimo Piattelli-Palmarini, Die Illusion zu wissen – Was hinter unseren Irrtümern steckt, Rowohlt, Reinbek 1997

Gero von Randow, Mein paranormales Fahrrad und andere Anlässe zur Skepsis, Rowohlt, Reinbek 1994

Ernest L. Rossi/David Nimmons, 20 Minuten Pause, Junffermann, Paderborn 1994

Don Miguel Ruiz, The four Agreements, Amber-Allen Publishing, San Rafael 1997

Jean-Paul Sartre, Der Ekel, Rowohlt, Reinbek 2005

Peter M. Senge, Die fünfte Disziplin, Klett-Cotta, Stuttgart 1996

Steve de Shazer, Wege der erfolgreichen Kurzzeittherapie, Klett-Cotta, Stuttgart 1997

O. Carl Simonton, Auf dem Wege der Besserung, Rowohlt, Reinbek 1995

Manuel J. Smith, Sag NEIN ohne Angst, Bechtermünz Verlag, Augsburg 1996

Stefan Spies, Authentische Körpersprache, Hoffmann und Campe, Hamburg 2004

Fritz Stemme, Karl-Walter Reinhardt, Supertraining – Mit mentalen Techniken zur Spitzenleistung, Econ, Düsseldorf/Wien 1992

John O. Stevens, Die Kunst der Wahrnehmung – Übungen der Gestalttherapie, Chr. Kaiser Verlag, München 1984

George Walther, Sag, was du meinst, und du bekommst, was du willst, Econ, Wien 1995

John Wareham, Der Plus-Minus-Manager – Welche Qualitäten brauchen Führungskräfte? Haufe bei Knaur, München 1993

Paul Watzlawick, Anleitung zum Unglücklichsein, Piper, München 2003

Paul Watzlawick, Vom Schlechten des Guten oder Hekates Lösungen, Piper, München/Zürich 1986

Paul Watzlawick (Hrsg.), Die erfundene Wirklichkeit – Wie wissen wir, was wir zu wissen glauben? Piper, München 2003

Armin Witt, Unterdrückte Entdeckungen und Erfindungen – So werden Genies boykottiert, Ullstein, München 1993

Arthur Zajonc, Die gemeinsame Geschichte von Licht und Bewusstsein, Rowohlt, Reinbek 1997